天皇制とジェンダー

加納実紀代

インパクト出版会

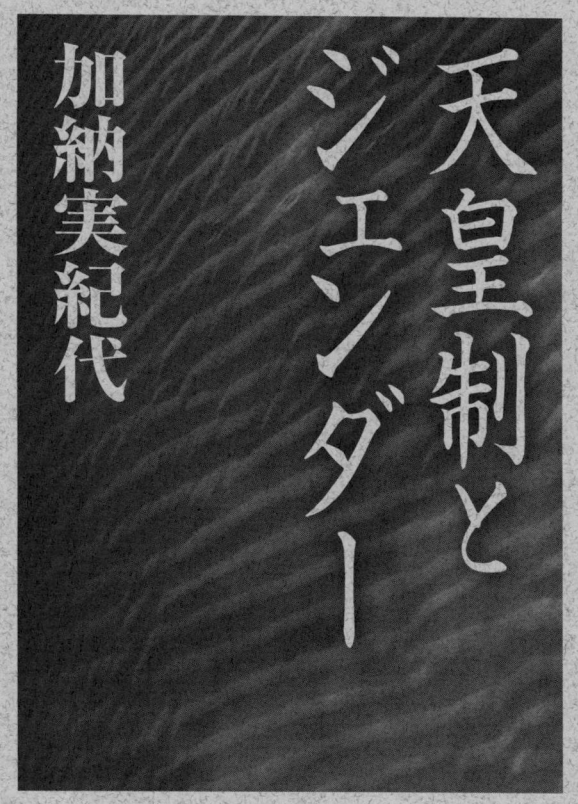

天皇制とジェンダー　目次

第1章　民衆意識のなかの天皇制――「昭和」を歩く

第2章　母性と天皇制

第3章　女帝論争・今昔

第4章 「平成」への発言

第1章

民衆意識のなかの天皇制

――「昭和」を歩く

「昭和」の幕あけ

「一等国民」万歳!?

一九九〇年八月一五日。

午後一時前、雪崩のように降りてくる黒ずくめの人たちにさからって、地下鉄・九段下駅の階段をかけ上る。炎熱の路上に出ると、そこにも真夏の陽射しに不似合いな、黒ずくめの流れがあった。この日正午から、天皇・皇后を迎えて行われた「戦没者追悼式典」がちょうど終わって、武道館から吐き出された遺族たちである。

靖国神社の大鳥居をくぐると、さらに遺族は増える。日焼けした顔にシワを刻み、言い合わしたように黒いワンピースに真珠(?)のネックレスをした女たちは、かつての「靖国の妻」たちだろう。なかには、玉砂利のわきの木陰にべったり腰を下ろし、棒つきのアイスキャンデーをかじっている一団もある。夜行バスで、あるいは早朝の新幹線で上京して、堅苦しい式典に出席した彼女たちは、緊張から解放されたいま、ワンピースの膝頭をアッケラカンとひろげ、幼女のように無心にアイスキャンデーをかじっている。

おととし来たときもそうだった。じつはわたしが今日ここに来たのは、そのとき見た女たちの無心の表情が忘れられなかったからでもあった。

しかしおととしと違うのは、いちように彼女たちが、「昭和天皇御製」と書かれた灰色の紙袋を後生大事に抱えていることだ。

どんな「御製」なのか知りたくて、そして、それについてどう思うのか聞きたくて、わたしは物欲しそうに彼女たちの回りをうろついたが、けっきょく「なかを見せてください」と声をかけることができなかった。そして、拝殿の傍らに掲げられていた「国のため命捧げし人々のことを思えば胸迫りくる」という「昭和天皇御製」と同じものだろうと思うことで自分をなだめ、靖国神社をあとにしたのだった。

それにしても、なんとまあイケシャアシャアと詠んだものだと思う。「国のため命捧げし人々のことを思えば胸迫りくる」とは――。

そしてその息子の新天皇明仁は、この日「戦没者追悼式典」で、「さきの大戦において貴い命を失った数多くの人々やその遺族を思い、深い悲しみを新たにいたします」と、「お言葉」を述べた。頭を垂れてこの「お言葉」を聞き、この「御製」を記念にもらって帰る「靖国の妻」たちが、わたしにはかなしい。

彼女たちを「靖国の妻」にした「さきの大戦」は、「御製」の主・昭和天皇の即位とともに始動した。そして六〇余年を経たいま、その息子「平成」の即位式・大嘗祭が行われようとしている。

その間、敗戦による天皇制の位置づけの変化があり、「平成」即位は、内外の対立激化をもたらした「昭和」即位とは、決定的に違うとされている。

ほんとにそうなのか。

いま無心にアイスキャンデーをかじる「靖国の妻」たちの顔のシワに、その経てきた星霜の厳しさをおもうとき、わたしは、イヤというほど疑い深く、「昭和」と「平成」のちがいと同一性について、こだわり続けたいと思うのだ。

「御大礼」と「国際化」宣伝

「昭和」は、書経の一節「百姓昭明、協和万邦」から、「君民一致」と「世界平和」を願ってつけられたという。しかし幕開けした「昭和」は、天皇制による国内弾圧の強化と大陸への侵略戦争をもたらした。とりわけ「昭和」即位の大典がおこなわれた一九二八年は、それへ向けての大きな曲がり角になっている。

二月二〇日、初の普通選挙が実施されて無産党員から八人の当選者を出したものの、その直後の三月一五日、いわゆる三・一五事件で共産党員の一斉検挙。五月には中国・済南に出兵して国民党軍と衝突。六月、関東軍による張作霖爆殺事件があり、あきらかな大陸への軍事侵略が開始されている。そして六月二九日、緊急勅令で治安維持法を改悪して死刑・無期を導入、七月はじめには内務省保安課を拡充強化するとともに、全国に特高警察の網の目を張りめぐらせる——という具合である。

にもかかわらず、この年一一月一〇日、即位の式典にのぞんだ裕仁は、高御座《たかみくら》の上から「皇祖皇宗国を建て民に臨むや国をもって家と為し民を視ること子の如し。（略）朕、内は則ち教化を醇厚にし愈民心の和会を致し益国運の隆昌を進めむことを念い、外は則ち国交を親善にし永く世界の平和を保ち、普く人類の福祉を益さむことを冀う」と、「昭和」のタテマエにのっとった勅語を発した。

しかし、この日を中心にした即位の儀礼そのものが弾圧強化の機会だったことは、菅孝行の『架空ドキュメント・Xデー昭和の終る日』（亜紀書房　一九八六年）にくわしい。一五万人に恩赦を発令して天皇の「御仁慈」をアピールする裏では、社会主義者や「精神障害者」の予防検束二一万、逮捕者七〇〇〇人。当時の『東京朝日新聞』には、つぎのような見出しが踊っている。

「御大礼を目前に　三千の狂人を警戒　危険なものは保護検束す」（『東京朝日新聞』一九二八年一〇月二〇日）

「要視察人等一千名　今晩を期し大検束　一定期間各署に拘留すべく　御大礼前の大警戒」（同一一月三日）

菅が書いているように、「恩赦一五万人と検束者二一万人——裕仁の即位式はこのような『聖慮』と人権蹂躙の予防弾圧による、まさに『国民統合』の儀式としてあった」。

しかし今回、あらためて『東京朝日新聞』を見て驚いたのは、「御大礼」の「国際化」宣伝である。即位式・大嘗祭を日本の「至重」「至高」の伝統儀式として口をきわめて権威づける一方で、それが「世界平和」と「国際親善」を推進するものとして大々的にアピールされている。

まず露払いをしたのは、裕仁の次弟で、皇位継承権者第一位の秩父宮の結婚である。これは、「昭和」即位のプレ・イベントとして、直前の九月二八日に行われている。妻となった松平勢津子は、戊辰戦争(一八六八年)で「賊軍」となった元会津藩主の孫。作家・綱淵謙錠によれば、当時会津の人々は、これで「朝敵」の汚名が晴れたと感涙にむせんだという(「礼宮妃と会津藩」『別冊・文藝春秋』九〇年新春特別号)。ついでにいえば、この綱淵謙錠は会津出身。秋篠宮妃になった川嶋紀子もその祖父は会津藩士、重ね重ねメデタイと、同郷の作家・津村節子、宮崎十三八とともにハシヤイデいるのがこの「礼宮妃と会津藩」の記事である。

「朝敵」の一族を皇室に入れることは「聖慮」のありがたさをアピールするものだったが、もうひとつ、松平勢津子との結婚は、皇室の「国際化」アピールにも役立つものだった。外交官を父とする彼女は「帰国子女」で、結婚三日目の一〇月一日、皇統譜に出生地「ロンドン市外ウォルトン」と記載されたが、『東京朝日新聞』は、これを「外国の地名がわが皇統譜に記入されたのは実に今回が御二度目のよしで、その第一回は梨本宮妃伊都子殿下のイタリーであらせられた場合である」(一〇月二日)と、大きく報じている。秩父宮自身もロンドンに留学しており、大正天皇死去に当たっては、船で帰国する彼が死目に会えるかどうか、その動静がいちいち新聞に報じられていた。

そして朝日新聞社では、一〇月二五日からの一週間を「御大礼奉祝国際親善週間」として、各国の音楽・演劇・映画などを公演している。第一日目の二五日は「アメリカの夕べ」で、朝日新聞編集局長緒方竹虎、アメリカ大使C・マクヴィのあいさつのあと、アメリカン・スクール合唱団による合唱やピアノ独奏、ソプラノ独唱、映画「シャープ・シューターース」上映といったプログラムだった。

入場料一回三〇銭、通し切符二円だったが、「この種の催しは初めてのこととて素晴らしい人気で大講堂は定刻前に満員となった」(『東京朝日新聞』一〇月二六日)。

ついでに、二回目以降のプログラムを抄録しておこう。

第2回　10月26日　ドイツの夕べ
あいさつ　朝日新聞ドイツ特派員原田礼二・ドイツ大使ゾルフ
講演　訪日飛行家フューネフェルト男爵
演奏　チェロ(ヴェルクマイスター)とバイオリン(コハンスキー)の二重奏　独唱(レーヴェ夫人)　独奏(ベツォールド夫人)など

第3回　10月27日　ポーランドの夕べ
日本国歌・ポーランド国歌(ピアノ　ルニツキー)
あいさつ　朝日新聞調査部長土岐善麿
講演　ポーランド公使オケンツキー「ポーランド事情」

演奏　ピアノ独奏　合唱（ポーランド民謡）オペレッタなど
第4回　10月28日　チェコスロバキアの夕べ
あいさつ　チェコスロバキア公使　K・ハラ
独唱　チェコ民謡
映画　「プラハ」、「第八回ソコル大会」など
第5回　10月29日　フランスの夕べ
講演　フランス大使館一等書記官　J・ドブレール「フランス政治の伝統精神」、日仏会
館長ルイ・ブランゲン「フランスの現代科学」
映画　「巴里より伊太利国境まで」、「女郎蜘蛛」
第6回　10月30日　ソビエットの夕べ
あいさつ　ソビエット大使　トロヤノフスキー
演奏　ピアノ（カワレヨフ）、バイオリン（クレイン）など
第7回　10月31日　イタリーの夕べ
あいさつ　イタリー大使アロイジ
合唱　明治学院グレゴリーバンド「ファシストの歌」
映画　「ベニト・ムッソリーニ」

最後の「ファシストの歌」の合唱やムッソリーニ映画を上映した「イタリーの夕べ」は、当初予定されていたイギリスの代わりに急遽設定されたものである。一〇月二七日の『東京朝日新聞』によれば、イギリスは出演者が揃わないことを理由に断ってきたという。

6回目に「ソビエットの夕べ」が開催されているのは意外だった。一〇月中旬、日本公演のためにハルピンまで来ていたモスクワの歌劇団「シニーヤ・ブルーサ」の一行一四人がアカ宣伝を理由に入国禁止になったりしているからだ。

この「御大礼奉祝国際親善週間」は朝日新聞社という一私企業によるものだが、政府のほうでも「昭和」即位による「国際化」アピールにつとめている。

一〇月三〇日、天皇裕仁は、特派大使として「大礼」に出席するイギリス大使サー・ジョン・チレーに旭日桐花大綬章を贈ったのをはじめ、一八か国の大公使を叙勲している。そのうえで、その一八か国をふくむ二六か国大公使を謁見した（うちチリー公使は欠席）。これをつたえる『東京朝日新聞』は、こんな具合である。

「締盟二十六か国の皇帝陛下並びに大統領閣下より特派大使又は特派使節として曠古の御大礼に参列するドイツ大使ゾルフ氏等駐日大公使二十五氏（チリー公使を除く）は、三十日午前十一時半宮中鳳凰の間において天皇陛下に謁見仰せつけられたので右大公使一行はそれぞれ大礼服又は燕尾服に当日賜った我国の勲章を佩用、午前十一時宮中西溜間に参集、天皇陛下には陸軍様式御正装を召され（略）、同十一時三十分鳳凰間に出御あらせらるるやドイツ大使ゾルフ博士を始め各国元首の特派大使使節は伊藤武官長の誘導により順次天皇陛下に謁見仰付けられ握手を賜り…」

「国際親善」の名のもとに、勲章を「賜った」り、「謁見仰せつけ」たり「握手を賜った」り、各国代表を「臣下」として扱うことで、いやがうえにも日本国天皇の権威が高まるという仕儀である。

外国人記者による「御大礼」賛美の文章もしょっちゅう紙面を飾っている。一一月六日、即位式・大嘗祭のために天皇が京都におもむく「京都行幸の儀」が行われたが、『ロンドン・タイムス』『ニューヨーク・タイムス』特派員、ベリントン夫人の印象記には、つぎのような一節がある。

「それは古き日本のページェントという以上のものであります。賢所の赤い金襴、千年前の色とりどりに美しき衣をまとうて守護に従う人々――それは何とやら有史以前のもの、何とやら凡ての民族が長い年代に行なってきたこと、更に申さばイスラエルの子等が、紅海を渡る時も側を離さなかったノアの函船――そうした連想が何とはなしに起ります」(『東京朝日新聞』一一月七日)

また、京都に到着した鹵簿を迎えた『デイリー・メール』特派員のヘッジスは、

「御大典を通じて私は日本の真の偉大なる強さを今度という今度は確かりと見究めることができた。日本の有識階級諸君は日本帝国の将来について余りに悲観論者でありすぎる。彼等はすべてを唯物的に見すぎ、考えすぎる傾きがある。(略)彼等は日本をして今日世界列強の間に高い地位を占むるに至らしめた唯一の資源たる日本国民性を忘れているのではあるまいか。幾千万の

民衆が御行列御道筋の両側に静粛にひざまづき両陛下をお迎えする状を見て私は世界のいずれの国にも日本の如く美わしい国はないと思わざるを得なかった。静粛は唯静粛ではなかった。神々しさも西洋国民がその表現に適切なる言葉を持っていない神々しさと尊厳さとで溢れていた」(同　一一月八日)

外国人、とりわけ英米人の目を通した「御大典」賛美は、日本人によるものよりも、日本国民に天皇を権威づけるうえでよほど効果がある。また、権威ある天皇をいただく「日本国民」を一人一人の国民が、内面化するうえでも効果がある。そういえば、日本人が国際社会に序列をつけ、みずからを「一等国民」などと称するようになったのは、この前後あたりからではなかったろうか。「御大典」にともなう「国際親善」は、国民に対する天皇制の支配力を強化する一方、日本国民を傲慢不遜にもしたようだ。

一一月一〇日の即位式当日には、当選したばかりのアメリカの次期大統領フーヴァー、イギリス労働党首マクドナルド、前イギリス首相ロイド・ジョージなどから祝辞が寄せられている。

ハイテク文化の母・天皇制

「国際化」には、当然、交通・通信手段の発達が伴われなければならない。「御大典」は、その跳躍台になっている。京都の街に交通信号が初めて登場したのは「御大典」のためだったが、とりわけマスコミのハイテク化がいちじるしい。

もちろんハイテク化といっても、いまからみれば非常に古典的なものだが、一九二五年放送開始されたラジオは、「御大典」にあたって、「京都行幸」の一一月六日から帰京する二七日までのあいだ、東京・京都・伊勢の一一か所にマイクを設置し、初めて全国に実況中継をおこなっている。

これにはなみなみならぬ苦労があったようで、東京JOAKの松田アナウンサーは、「全国中継放送では今までと違ったやり方が必要で、アナウンスをやると言ってから四十秒間に全国各放送局が完全にスイッチを入れてしまわなければ駄目で、もしそれがうまくいかないと遠方の熊本や広島あたりでは十秒間位放送が頭をちょん切られてしまう訳です」と述べている(『東京朝日新聞』一一月六日)。

ちなみに、一一月一〇日即位式当日、東京周辺でのラジオ番組は、次頁の表のようだった。

新聞社は、「御大典」報道のために電送写真の技術をきそって開発した。最初に成功したのは大阪毎日新聞社で、九月九日、「本社の電送写真、愈々使用を許可さる　七日逓信省から指令わが通信事業に一大革命」の見出しとともに、日本初の電送写真が紙面を飾っている。

遅れをとった朝日新聞社は、一〇月二一日、東京・大阪・京都に同時設置したことを報じ、結婚の報告のための伊勢参拝後京都に入った秩父宮夫妻が歓迎に答えている大写真を掲げている。「御即位大礼の御盛儀はこの優秀なる電送写真によって刻々東西朝日紙上を飾り、こう古の御盛儀をいよいよ厳かに、いよいよ美しく、印象せしめその感激を深からしめ得るのを喜ぶものである」(『東京朝日新聞』一〇月二一日)

これは動かない写真だが、活動写真、つまりニュース映画も大活躍している。東京朝日新聞社では、「京都行幸」の一一月六日当日、「御大礼映画謹写会」を本社講堂・日比谷音楽堂・横浜開港記念館など七か所で各二回にわたって上映。以後毎日のように上映会をおこなって、天皇・皇后の動向を刻々フィルムで伝えている。

それらのフィルムは、飛行機で急送される。一一月六日、朝日新聞社では、プレゲー35号機、サルムソン47号機など一八機が「大阪、名古屋、小幡ヶ原、京都

11月10日のラジオ番組

午前８時	奉祝唱歌、君が代、大礼奉祝唱歌、東京市立小学校児童
午前９時	気象通報
午後０時10分	大礼特別ニュース　賢所大前の儀（大阪より有線中継）
午後１時20分	即位礼　紫宸殿の儀　建礼門から有線により中継（大阪より中継）
午後３時40分	経済市況、気象通報
午後４時	大礼特別ニュース――大阪より有線中継
午後４時40分	大礼特別ニュース――大阪より有線中継
午綾６時（子供の時間）	
	奉祝児童歌劇「国の光」
	案　東京中央放送局放送部
	伴奏　ＪＯＡＫオーケストラ
	出演　原田　潤　其他
	第一場　国生み（神代編）
	第二場　平安朝（上古編）
	第三場　桃山時代（中古編）
	第四場　明治維新（近代編）
	第五場　昭和（現代編）
午後７時	ニュース　報知新聞社
午後７時25分	大礼記念講演「本日の御即位大儀」掌典下田義昭
午後８時10分	長唄「鶴亀」
	唄　吉住小三郎
	三味線　稀音家六四郎
	上調子　稀音家和三郎
	奉祝曲
	管絃楽　新交響楽団
	高音独唱　松平里子
	次高音独唱　佐藤美子
	上低音独唱　内田栄一
	女声合唱　自由学園合唱団
	混声合唱　ＪＯＡＫ合唱団
	指揮　近衛秀麿
	大礼奉祝交響曲　近衛秀麿　謹作
	前奏曲　上低音独唱「やすみししわがおほきみ」
	女声独唱並に女声合唱「あめつちをてらすひつきの」
	合唱組曲
午後９時40分	時報　気象通報

（『横浜貿易新報』1928年11月10日　新井揆博「昭和大典」『教育研究』No.25による）

深草、東京立川などを中心に東西連絡はもちろん九州、四国から東北、北陸、遠く朝鮮等各地へくも手に張っている飛行路をたどって写真原稿、活動写真フィルム、紙型、号外、夕刊などを積んで一せいに八方に活躍した」(『東京朝日新聞』一一月七日)。

この六年後の一九三四年一〇月、陸軍省が出した『国防の本義と其強化の提唱』(通称『陸軍パンフ』)は日本の軍国主義化を大きく促したが、その冒頭には「たたかいは創造の父、文化の母」と、戦争による技術革新賛歌がある。そういう意味では、戦争同様、天皇制もまた「創造の父、文化の母」というべきなのかもしれない。

地域・学校への天皇制の浸透

こうした「国際化」「ハイテク化」の一方で、「御大礼」は、草の根ふかく天皇制を浸透させてもいる。

神奈川県橘樹郡生田村(現川崎市)では、一一月三日、村長高橋嘉六により、以下のような「奉祝要項」が各部落に通達されている。

奉祝要項

一、曠古ノ盛典ヲ寿キ奉ル為、各戸ニ門松ヲ立テ注連ヲ張リ国旗ヲ掲揚シ崇厳ナル奉祝ノ意ヲ表スルコト

注連ハ来ル九日迄ニ当役場ニ受領方出頭セラレタシ

一、御即位式当日十一月十日午後正一時、奉祝会場生田小学校校庭ニ参集シ奉賀式挙行スルコト

校庭ニ御真影奉安所ヲ設ケ御真影ヲ奉遷シ遥拝スルコト

式終ッテ引続キ村内各神社ヲ合祀シ、校庭ニ祭壇ヲ設ケ奉告祭ヲ行ヒ、村民、学校其ノ他各団体代表者玉串ヲ棒呈スルコト

右終ッテ午後三時ヲ期シ万歳ヲ唱ヘ一同退散

一、養老賜金伝達式

十一月十日午前十時ヨリ高齢者ニ天杯並ニ養老賜金ノ伝達式ヲ挙行シ、高齢者ニハ紅白ノ奉祝餅、弁当ヲ呈ス

尚当日小学校生徒ニハ紅白ノ奉祝餅ヲ配布ス

一、十一月十四日大嘗祭当日、村内各神社ヲ合祀シ生田小学校校庭ニ祭壇ヲ設ケ、祭式執行ニ付午後正一時マデニ村民一般参列ノコト。

村民代表ノ玉串ヲ捧呈シ終ッテ白酒黒酒ヲ一般ニ供ス。

尚村ヨリ清酒一樽ヲ一般ニ供ス。

一、祭式終了後、御大典奉祝ノタメ、村内有志宴会ヲ開催ニ付キ、有志一般ヲ御勧誘被下、多数ノ御賛成ヲ得ル様願度、上ノ人数ヲ来ル十日マデニ御報告願度シ。

会費ハ一人分金一円五十銭ニ付、氏名報告ノ際前納セラレタシ。

これには「一戸一人以上ハ必ズ奉祝会場へ参列相成様」という前書きがついている。つまり、一一月一〇日の即位式当日と一四日の大嘗祭当日には、一戸一人以上の村人を生田小学校で挙行される奉賀式に参列させ、老人・子供には養老賜金や紅白の餅など、一般にはふるまい酒を供して祝賀気分を盛り上げようというわけだ。村内の有力者には、一円五〇銭という大金を払っての祝宴出席を強制している。

学校教育における天皇崇拝は、「御大礼」を契機に飛躍的につよまっている。神奈川県では、六月一六日、県内の公私立学校のうち「従来、御真影を拝戴せざる学校」に対して「御真影拝戴の希望申出」をさせ、一〇月二日、県下二六五校の校長を県庁に集めて伝達式を行なっている。生田小学校もこの日「拝戴」したが、子供たちは沿道にならんで御真影を迎えた。それが一一月一〇日、「御大礼」奉祝会場に掲げられたわけである。東京府でも一〇月二日に御真影伝達式を行なっているので、たぶん全国いっせいに行なわれたのではないか。

日の丸掲揚も「御大礼」によって徹底された。それだけでなく、掲揚にあたっての「作法」が決められた意味は大きい。七月二日、「祝祭日の小学校国旗掲揚作法」が定められ、旗の寸法、掲揚場所などとともに、「気を付け」の号令をかけ、「注目」で旗を注視させ、上がったところで「礼」などと、ことこまかに掲揚作法が定められた。この作法は、現在、そのまま学校で行なわれている。

一二月一五日、一連の「御大礼」行事の最後に行なわれた「諸団体御親閲」は、少年・少女に対するダメ押しといえる。これは、東京・埼玉・千葉・神奈川・山梨から、男女青年団員、中学校・女学校などの生徒八万人を皇居前に集め、天皇が「親閲」するというものだが、この日は骨も凍るような冷たい雨の日だった。選ばれて参列した川崎高等女学校四年の大友淑江は、その感激をつぎのように書いている。

冷い雨と、寒い風とにさらされたまゝ、永い永い時を過してから、前へ進めの号令が聞えた。噫嬉しい私達が待ちに待つてゐた時は来たのだ、と胸を躍らしながら一歩一歩進んだ。今までは松林を隔てゝ、何一つ見えなかつたが、芝の外に出ると、神々しく雨に煙る大内山の森が眼に映つた。雨は稍小降となり、南の空から少しづゝ明くなつて来た。カツパ、カツパ、カツパと蹄の音勇ましく、騎兵が忙しさうに彼方此方に走つてゐた。

「傘を取れ。」といふ号令に、皆一斉に蝙蝠傘をすぼめた。「天皇陛下の思召で、天幕を払ひました。」一将校が伝へていつた此の詞に、雨中の若人達は身の寒さを忘れて感激した。玉座はどこかと背延びして見たけれど、遠いのでわからなかつた。

空の明みが段々拡がつて、雨が全く止んだ時、突如、朗々たる喇叭の音が響いた。二重橋の右手から先駆隊と覚しきものが進み出た。「ほら！　御挙手なすつたわ」と叫ぶ友の声に瞳を注ぐと、高い高い台の上に、カーキ色の軍服を召された天皇陛下の、畏い御姿が拝された。此の寒空に外套さへ召されずに……。何といふ有難さ、何といふ勿体なさであらう。

男学生の分列式が始つた。陛下は間断なく御挙手の礼を賜つた。赤いパンツの音楽隊は広場の中央に並んで、壮厳な音楽を奏し、赤、青、黄、紫と華やかな色彩の旗は寒風に飜り、式場を賑はした。

やがて再び進めの号令を耳にして、天地に唯お一人の現神の御姿を打守りつゝ歩を運んだ。そして「三種の神器うけつぎて……」と天にも響けよと歌ふ私達の声は、千代田の森に呀した。……祝へ祝へいざいはへ……最後の歌が終つて、余韻をひく時、又も、陛下は我等に挙手を賜つた。東京府知事の音頭で、「天皇陛下万歳！」と叫ぶ学生団の声は、殷々と鳴り響て、大内山の樹々をふるはした。

あゝ、氷雨ふる師走の屋外に、天幕を取れと、お命じになつた天皇様！　私達の寒さを察し給ふてか、寒風の吹く広場に、故ら外套もお召し遊ばさなかつた天皇様！　凛々しくおはす天皇様！　我が日の本の天皇様！　ほんとに此の君の為ならば、我等の命も惜しくない。」（『神奈川県教育』第二五三号）

いま大友淑江さんは、北九州市で「障害者」のための養護施設を営んでいる。この六二年前の「御親閲」については、その前に何度も練習させられ、当日は寒くてトイレが気になった記憶があるという。しかし彼女にとって、それ以上に記憶に鮮明な「御親閲」は、戦後離婚して自力で養護施設をつくった功により、皇居で昭和天皇夫妻に会ったことである。

天皇は、彼女にとって依然としてアイデンティティの拠り所であるようだ。

（原題「『一等国民』万歳!?――国際化のなかの即位の礼・大嘗祭」『インパクション』六六号、一九九〇年一〇月　一部割愛した）

特攻おばさんと国母陛下

昭和天皇が、吸血鬼のように人民の血を吸って延命をはかっていた一九八八年一一月末、わたしは、鹿児島県の知覧にいた。知覧は、かつて陸軍の特攻基地があったところである。一九四五年四月以来、一三〇〇余人の若者がここから沖縄に飛び立って、帰らぬ人になった。

いま知覧は、茶畑がひろがる平和な高原の町だが、町役場のそばに建つ特攻資料館に一歩足を踏みいれると、一挙におびただしい〈死〉に向き合う。

館内には、敗戦間際の悪あがきのなかで、死にいそがされた若者たちの顔・顔・顔……。なかには、まだ一〇代の童顔も多い。そして、遺書の洪水である。そのしゃっちょこばった文面から浮かび上がるのは、「皇国」「すめらぎ」「御稜威」「天皇陛下」等々の文字である。

「天皇陛下」のためにと、一七歳の少年が死んでいった。それなのに天皇は、八七歳のいまも人民の血を吸って生きつづけている——。

「恥を知れ！　ヒロヒト」

館内に置かれた感想ノートに、思わずわたしはそう書きなぐっていた。

帰ってきた特攻兵

しかし考えてみれば、少年たちを死に追いやったのは、天皇だけではなかったのだ。天皇など、少年たちにとって、しょせん〈観念〉にすぎない。それも、あやうい虚構の観念である。教師たちの美辞麗句に、つい熱に浮かされて特攻に志願したものの、ぴちぴちと生命の盛りにある肉体は、つねに観念を突き破って、「死にたくない」と叫びだす。その肉体のホンネをなだめすかして観念に封じ込め、彼らを死に向かって飛びたたせたのは、女たちである。

「おばさん、ぼくはきっと帰ってきますと、その兵隊さんは言うとですよ。そんなこと言うてはいけん、憲兵に聞かれたらえらいことになる言うたら、ホタルになって帰ってくる、言いんさるとです。

ほんとに帰ってきたですよ。ある夕方、藤棚のところに、見たこともないような大きなホタルがとまって、ぴかありぴかあり、息しとるごと光っちょった——」

これは、当時基地のそばに住んでいた女性の、特攻兵をめぐる思い出話の一節である。彼女は、母親のような愛情で特攻兵の世話を焼き、「特攻おばさん」と呼ばれていた。彼女が特攻兵に愛情を注いだのは、彼女にとって特攻兵が、死にゆくもの、それも天皇という観念のために みずから死を選びとった〈うつくしい〉若者だったからだろう。

だから、彼女がまめまめしく世話をやけばやくほど、特攻兵たちは、肉体のホンネを封じこめられてしまう。彼女が、ホタルに特攻兵の魂をみたのは、この世への執着をホタルに託して語るよりなかった特攻兵のホンネを、彼女なりに受け止めていたためかもしれない。

当時、彼女のような「特攻おばさん」「兵隊ばあさん」は各地にいた。マスコミも政府も、そうした女性を積極的に誉めそやしている。それは彼女たちの愛情が、若者を生かす方向にはけっして働かず、逆に戦争への疑問や生への執着をなだめすかし、死を受け入れさせる役割を果したからである。

もっと即物的に、特攻兵を死に駆りたてる役割を果たさせられた女たちもいた。

当時女学生だったAさんは、勤労挺身隊員としてお菓子工場に動員された。「欲しがりません、勝つまでは」の時代、甘いものなどめったにお目にかかれなくなっていたが、その工場では、大量にチョコレートが生産されていた。

そのチョコレートは、特攻隊員に最後に食べてもらうものだと聞いて、Aさんは粛然とし、いっしょうけんめい働いた。しかしあるとき、そこで生産されるチョコレートにヒロポンが入れられているという噂を聞いた。ヒロポンというのは覚醒剤で、それが入っているチョコレートを食べれば、怖いものしらずの勇気がでるのだともささやかれていた。

たしかに戦争末期、各地の飛行基地では、棒状のチョコレートが支給されている。それにほんとうにヒロポンが入れられていたのかどうかは分からないが、ありそうな話ではある。もしもそうなら、若者たちは、ヒロポン入りのチョコレートで無理やりに勇気をかきたてられ、突っ込まされていったということになる。

そして少女たちは、そのけなげな働きのゆえに若者を死に駆りたて、将来伴侶となるべき男たちを数多く失ってしまった、ということになる。

「日嗣の皇子」誕生と「銃後の女」

こうした男と女の無残な構図は、戦争末期の特攻作戦のなかではじめて出てきたものではない。昭和の一五年戦争は、最初からこうした構図をもっていた。

男たちは、皇軍兵士として直接前線に、女たちは「銃後」の経済戦・思想戦の担い手に——。これが総力戦としての一五年戦争における男女の人員配置だった。

総力戦とは、武力戦・思想戦・経済戦を総合したものとされたが、直接的な戦闘行為である武力戦は当然男の役割として、その武力戦を戦う前線の兵士に武器弾薬を供給したり（経済戦）、その戦意を高揚させたり（思想戦）するのは、銃後の女の役割だった。これからいえば、知覧で特攻隊員の世話をした「特攻おばさん」は思想戦、お菓子工場で働いたAさんは経済戦の戦士、ということになる。

こうした性別役割分担のうえに、女たちを「銃後の女」として総動員した結果、昭和日本の侵略戦争は、あしかけ一五年の長きにわたって続いた。その結果は、周知のような惨たんたる敗戦だった。この戦争による日本人の死者三一〇余万、そして日本の侵略によるアジアの人々の犠牲は、その何倍にもおよんでいる。

そのなかで女たちも、大きな犠牲を強いられた。女たちは、戦争による物不足のなかで、「欲しがりません勝つまでは」「足らぬ足らぬは工夫が足らぬ」と我慢と節約につとめ、「生めよ殖やせよ」の掛け声のもとに、身をけずって子どもを生み育てなければならなかった。そのうえにさらに、「兵隊さんのために」と、経済戦・思想戦役割を課されたのだ。尋常いちようの苦労ではなかったはずだ。

にもかかわらず女たちは、銃後役割をよく果たしている。とくに、一五年戦争が始まって半年後の一九三二年三月、大阪の主婦の自発的な活動のなかから生まれた国防婦人会はそうだった。そしていま、かつての国防婦人会の活動家のなかには、出征兵士の見送りに、傷痍軍人の慰問にと、寝食を忘れて働いた戦時下の日々を、もっとも生き甲斐に満ちた「わが生涯の最良の日々」として、胸に刻んでいる人も多いのだ。

なぜなのだろうか。

彼女たちのなかには、夫や息子を戦争で失い、家を焼かれた人もいる。にもかかわらず、戦時下の日々が「わが生涯の最良の日々」であるのは、なぜなのか。

その要因には、近代天皇制国家による女性差別、とりわけ天皇制家族国家の下支えのために政策的に生み出された家制度による女性抑圧がある。それによって、女たちは、一人の人間としての尊厳と権利を認められないまま、家のなかに閉ざされて、ひたすら男たちに奉仕することを強いられた。

そのなかで、無意識の鬱屈を溜めこんでいた女たちにとって、総力戦のなかで否応なく課された思想戦・経済戦役割は、「家からの解放」であり、同時に「一人の国民として」社会参加する機会でもあった。

しかし実は、戦時体制が女に求めたのは、けっして「一人の国民として」ではなかったのだ。戦時下の日本は、戦前天皇制が、もっとも苛烈で暴力的な相をむきだしにした時期だったが、そこでもっとも女たちに期待されたのは、〈母〉役割であった。

お菓子工場で働いたAさんのように、女学生までも強制的に経済戦の戦士として動員するのは、一五年戦争の最末期になってからである。それまで、戦時体制が女に求めたのは、あくまで〈母〉を前面に押し立てた思想戦役割であった。つまり、知覧の「特攻おばさん」である。

それがはっきりと打ち出されるようになるのは、一九三四年はじめ、現天皇明仁の誕生直後からである。つまり、五回目の出産でようやく「日嗣の皇子」明仁を産んだことで、皇后（香淳皇后）は、「国母陛下」としての揺るぎない地位を確保した。愛国婦人会は、彼女の誕生日三月六日を「母の日」として「報国運動」を行い、各地に「母の会」が誕生する。

一九三三年暮れの明仁誕生が、天皇制の安泰と、ひいてはその後の一五年戦争拡大にもった意味は非常に大きいが、女にとっては、それは〈母〉役割強調による銃後の女への総動員の契機となったのだ。

もちろんそれについて、明仁個人の責任を問うことはできない。しかし、彼の存在そのものがもっている客観的犯罪性は、このポスト昭和の時期にしっかり押さえておく必要がある。

そして、一五年戦争下の〈母〉たちが、生命を守り育てるどころか〈息子〉たちを死にいざなうものであったことを、とくに男たちは、あらためて胸に刻んでおくべきだろう。


（『撃ちくずせ天皇制』あずさ書房、一九八九年二月）

象徴天皇制の誕生

敗戦による連続と非連続

椰子の木かげの「君が代」

スハエミ先生は四二歳。インドネシア・西ジャワの小さな町の、全校生徒二二九人という小さな小学校で「芸術」を教えている。もう高校生の子どもがいるお母さん先生だが、その授業ぶりは、底抜けに明るい。

「芸術」といえば、日本の小学校の「音楽」と「図工」の双方を合わせたものだが、陽気な先生は、図工よりも音楽を教える方が楽しそうだ。

音楽の授業といっても、日本の学校のように音楽室があるわけではないし、教室にはオルガン一つない。

「サトゥ・ドゥア・ティガ・ウンパット」（一・二・三・四）

大きく手を振って全身で指揮をとる先生の指先に合わせて、子どもたちが歌うだけである。

しかし、スハエミ先生の指先は、不思議な魔法の働きをする。子どもたちの歌に合わせて四拍子の指揮をしていたはずなのに、いつのまにか人さし指と中指を内側にそらせてくねらせ始め、踊りの手つきになったとみるまに、「サトゥ・ドゥア・ティガ……」

先生の頭も、前へ後へ、また右に左にしなやかに動きはじめ、やがて全身で踊りだす。気がついたら子どもたちも、先生の動きに合わせて手をくねらせ、足を踏みしめ、全員が立ち上がって踊りはじめているという案配だ。そのうち子どもたちは、次々と黒板の前の狭い空間に飛び出し、先生を先頭に踊りの渦ができる。机と椅子があるだけの粗末な教室は、たちまち祭りの空間に早がわりする。

日本の「学校」、「音楽の授業」のイメージを大きく破るこの楽しさは、インドネシア人の民族性や、その〝貧しさ〟も含めた教育のあり方に関係があろうが、スハエミ先生の陽気な人柄も大いにあずかっているように思われた。

しかし先生の指先は、いつも陽気に踊りだすわけではない。荘重に、厳粛に、「サトゥ・ドゥア・ティガ……」をくりかえすこともある。国歌「インドネシア・ラヤ」を歌わせるときがそうだ。

インドネシアわが祖国
わがふるさとの地よ

窓の外は、まもなく始まる田植えの準備に、鋤につながれた二頭の牛がのったりと水をはった田んぼを往き来している。その水面にさざなみをたてて、子どもたちの歌声はひびく。

偉大なインドネシア　独立　独立
偉大なインドネシアに栄あれ

はるか彼方の椰子の茂みまで、キラキラと熱帯の太陽を照り返す水田に流れる歌声を聞きながら、私は、「やっぱりちがう、君が代とはちがう」と、ひとり胸につぶやいていた。

人口三万のこの小さな町に、突然現われた日本人に対して、子どもたちはもちろん大人たちも、こちらがとまどうほど親切だった。学校帰りの子どもたちにせがまれるままに家について行くと、昼休みで帰っている父親はじめ家族総出で精いっぱいの歓迎をしてくれる。ある家では、お菓子がなにもないからと高校生の息子に椰子の木に登らせ、採りたての椰子ミルクをごちそうしてくれた。父親たちは、「ミヨトーカイノソラアケテ……」と、かつて日本占領時代に覚えた「愛国行進曲」を歌ってきかせてくれる。そして「君が代」である。

五年生のニーナの父親、スナルジョ氏もそうだった。彼は小学生時代、歌わせられた「愛国行進曲」を二番まできちんと歌い、ついで背筋をただして厳粛に「君が代」を歌った。

「この歌は、インドネシア・ラヤと同じだから……」

というのである。

「インドネシア・ラヤ」は、国歌としてきちんと定められたものだが、「君が代」はそうではない。たとえそうだとしても、私は歌いたくないし、聞きたくもない。なぜならば――といったことは、私の貧弱なインドネシア語ではとても伝えられない。第一、私たちに精いっぱいの親愛を示すために歌ってくれるスナルジョ氏の顔を見ていると、とても言う気にはなれない。

椰子の木もれ日の下で聞く「君が代」、かつて日本の侵略で苦労したであろうしわを刻んだインドネシア人の口から荘重に流れだす「君が代」――。彼が特別の敬意を払って「君が代」を歌ってくれるのは、この歌が私たち日本人にとって、大切なものだと信じているからだ。彼にとって「インドネシア・ラヤ」がそうであるように――。

しかし「インドネシア・ラヤ」と「君が代」はちがう。国歌として正式に定められているかどうかよりも、その内容において大きくちがっている。三〇〇年の植民地支配に抗して独立を闘いとり、共和制国家をつくり上げた（現在その「独立」「共和制」がすっかり色あせているとはいえ）インドネシア人が国家を讃える歌を大切にするのは、まあわかる。

しかし私たち日本人にとって、「君が代」とは何か。この歌は現在国歌づらをして、子どもたちはインドネシア同様、学校で厳かに歌わせられているけれども、その内容はといえば、自分たちが闘いとり、つくり上げた国家を讃えるのではなくて、ひたすら平伏して天皇の治世の永続を願っているだけではないか。

「インドネシア・ラヤ」とは大ちがいだ――。スハエミ先生の厳かな指揮ぶりを見ながら、私はあらためて、胸につぶやいていた。

そして、思いはおのずと「日本」にとぶ。「主権在民」を謳った憲法を持ちながら、「天皇」を讃える「君が代」に対内的にも対外的にも国歌の位置を占めさせている日本。いちども民衆が〃自分たちのつくった国家〃を誇らかに歌い上げたことがない日本――。

天皇を中心に据えることで統一国家を形成し、富国強兵をはかろうとした明治政府が、『新古今和歌集』にみえる天皇讃歌をとって「国歌」としたのは、いいとしよう。「天皇制国家」日本にとって、天皇の治世の永続と繁栄こそが国家の繁栄であることを内外に宣するためには、この歌はまことに都合のいいものであった。

しかし一九四五年の敗戦によって、その天皇制国家の悪が対外的にも対内的にも明らかになった結果、「主権在民」の民主主義国家に再生したにもかかわらず、依然として「君が代」を歌いつぎ、さらに最近ますます歌われるようになっているのは、どういうわけか。

「君が代」だけではない。パスポートや在外公館につけられている菊印だってそうだ。

他の国々の場合、そこにはふつう「国章」がつけられている。アメリカならオリーブの枝（平和を表わす）と一三本の矢（一三州の団結を示す）をつかんだワシのマーク、インドネシアなら伝説の鳥ガルーダの中に、パンチャシラ（建国五原則）――神への信仰、人道主義、民族主義、民主主義、社会福祉――を図案化したもの、という具合である。国章にはそれぞれの国の民族的伝統と建国の理想が表象されているといってよい。

しかし菊印は、日本の国章ではない。一八七一（明治四）年の太政官布告にもとづき、大正天皇の死去が目前に迫った一九二六（大正一五）年一〇月二一日、皇室儀制令第一二条で、天皇及び天皇家の紋として定められたものである。敗戦まで、この天皇の紋章は、兵営、軍艦、兵器等々につけられ、アジアの民衆を威嚇しつづけた。日本がまさに天皇の国であり、軍隊はそれを守る「朕《ちん》が股肱《ここう》」であったからである。

その天皇家の紋章がいまなお対外的に「日本国民」「日本国」を示す場合につけられているのはなぜなのか。

答は簡単だ。「日本国」がいまだに戦前と同じ「天皇制国家」であるからだ。少なくとも、外国人の眼からみるとそれ以外ではあり得ない。

毎年何十万人もの「日本国民」が海外旅行をしては、「日本国」がいまだに「天皇制国家」であることを世界に触れ歩いているわけだ。菊印パスポートに「日本国民」たることを保証されて訪れた私に、インドネシア人が「君が代」を歌ってくれたのは当然であった。

もちろん国王を讃える国歌をもち、王家の紋章をそのまま国章として使っている国は、日本の他にもある。イギリス、デンマークなど、ヨーロッパのいくつかの君主国もそうだ。しかし国王の名において無謀な戦争を引き起こし、国の内外に多大の被害を与えた上で敗戦に終わった国の民衆が、戦前のままの王を讃える国歌を歌い、王家の紋章を国章として使用している例はない。唯一、日本あるのみである。

なぜなのか。なぜ日本国天皇だけが、あれだけの惨禍にもかかわらず、その地位を保ち続け、今なお対外的に「国家」を代表しつづけていられるのか。

それを問うことは結局、日本人にとって国家とは何か、天皇とはなにかを問うことである。

天皇制——敗戦による連続と非連続

君らは雨にぬれて　君らを逐う日本天皇をおもい出す
君らは雨にぬれて　髯・眼鏡　猫背の彼をおもい出す

かつて中野重治は、その詩「雨の降る品川駅」で、天皇をこう歌った。そのとき天皇は即位後三年、まだ二〇代であったはずだが、すでに「猫背」とうたわれた彼の背は、八三歳の今日（一九八四年）ますますその度を加え、足元おぼつかなく言語も不明瞭、思わず手を差しのべたくなる頼りなげな姿である。この老人が、かつて「神聖ニシテ侵スベカラズ」の「現人神《あらひとがみ》」であり、「大元帥陛下」として「大日本帝国」陸海軍を叱咤《しった》したとは、戦後世代には、どうにも信じがたい。

しかし、それは事実であった。彼は日本最大の地主であり資本家であると同時に、国内のあらゆる権力と権威の源泉であり、国内の軍事的・政治的・経済的機構は、彼に属した。軍隊は「朕が股肱」であり、政治家、官僚等は「朕が百僚有司」であり、国民はすべて彼の「臣民」であり、

「赤子《せきし》」であった。そして、中野重治のさきの詩に「君らは……」と歌われている朝鮮人にとっては、祖国を亡ぼした上に「朕が警察」を駆使して彼らに弾圧を加える元兇であった。

つまり彼は、「大日本帝国」そのものとして国家のもつ権力を内外にほしいままにしていた。だから「御国の為」は「天皇陛下の御為」であり、戦場の兵士がいまわのきわに叫ぶという「大日本帝国万歳」と「天皇陛下万歳」はイコールであった。それが日本の「国体」であり、それこそが世界に比類なき日本の美点であるとされていた。

そうした天皇イコール国家であるような「国体」、つまり「天皇制」は、敗戦によって大きく改められた。まず「朕が股肱」たる陸海軍は解体され、皇室財産は凍結、彼の政治支配を補佐した重臣たちは獄につながれた。一九四五年暮までに、彼の権力の基盤であった軍事的・経済的・政治的機構はほぼ解体されたといえる。

そして彼の権威の源泉である神格化、「現人神」信仰も、翌四六年一月一日のいわゆる「人間宣言」で、彼自身によって否定された。彼の権威とセットになった国家神道や彼の権威を保持するための不敬罪、「教育勅語」奉読、御真影（天皇の写真）拝礼といった儀式も、その年のうちに廃止に向かっている。

そして四六年一一月三日、新憲法公布により、国家の主権者は国民であり、彼はたんにその国民統合の「象徴」とされた。しかも、国民の「総意」にもとづく限り、である。

おかげでいま私たちは、「上官の命令は朕が命令と心得よ」をタテに、軍隊の中で残虐なリンチを甘受する必要はないし、満員電車の中で、「夫婦そろって結婚六〇年なんて気楽なもんだね。いいかげんに死んでやらなくちゃ皇太子がかわいそうだよ」などと放言しても、不敬罪でしょっぴかれる心配はない。これは大変化である。革命的な変化といってもよい。

しかし天皇は生き残った。そして生き続けている。しかも、戦前そのまま、都心の一等地に深山幽谷をめぐらした広大な住居をかまえ、風光明眉の地にいくつもの別荘を持ち、彼一族のための常時奉仕者である宮内庁職員だけで約一一〇〇人。その上、日本最高の医師に料理人にデザイナー、美容師、運転手……。彼の住居の清掃には、毎年三万人からの無料奉仕者が北は北海道から南は沖縄まで手弁当でやってくる。

「行幸」と称して彼が移動すれば、交通は規制され、国鉄のダイヤは組みかえられ、警官は大動員される。ちなみに一九七四年岩手県で行なわれた第二五回植樹祭についてみれば、天皇皇后二人の四日間の滞在のために、県内七〇%の警官が動員され、四二〇〇万円の県費が使われた。お一人様一日五〇〇万円余の滞在費である。

敗戦によってかつての天皇制は、その権力と権威の機構を失ったにもかかわらず、彼個人は生き残り、戦後においても特別な存在でありつづけている。

なぜなのか。

ふつうそれは、マッカーサーの占領政策によるものとされる。

日本敗北後、天皇及び天皇制をどうするかについては、すでに敗戦の二年ほど前から連合国側では活発な議論がなされていた。アメリカでは、前駐日大使グルーをはじめとする親日派の天皇保持論と、オーエン・ラティモア等親中国派の天皇廃止論があったが、アメリカ国務省戦後政策委員会は、一九四四年五月、天皇制保持を基本とする「勧告」を作成し、翌年五月には、これが正式決定されていたという。日本政府が「国体護持」つまり天皇制維持の一点にこだわって、戦争終結を引き延ばしていたのはよく知られるところだが、その意味では不必要な引き延ばしであったわけだ。おかげで内地は焦土化し、一〇万の沖縄県民が死に、広島・長崎は原爆を受けた。一〇〇万以上の民衆が犬死をさせられている。

しかし、日本降伏後の占領政策において、天皇及び天皇制保持の線が不動のものであったわけではない。オーストラリアは天皇の戦争責任追求、「天皇制廃止」を強硬に要求したし、アメリカ国内にも、天皇を戦犯として軍事法廷に引き出し、処刑せよとの声があった。

そうした声に対し、四六年一月二五日、マッカーサーは本国に秘密電報を発して、天皇保持を強硬に主張した。彼は言う。

「彼の告発は疑うべくもなく、大変な動揺を日本国民の間に引起こすでしょうし、その反響は過大評価されすぎることはないでしょう。天皇はすべての日本人を統合するシンボルです。彼を滅すことは国を崩壊させることになります。……政府のすべての機関は崩壊し、文明的な活動はとまり、地下運動の混乱、無秩序は山岳地帯におけるゲリラ戦にもなってゆくということは想像できないことではありません。……占領軍を大きく増強することは絶対に必要となるでしょう。

最少限に見ても百万人の占領軍の不特定期間の駐留がおそらく必要となるでしょう」（武田清子『天皇観の相剋』による）

こうした脅迫じみたオーバーな表現をしてまでマッカーサーが天皇免罪を主張したのは、『マッカーサー回想録』によれば、四五年九月二八日の天皇との会見（このときの二人の並んだ写真が新聞に掲載され、日本国民に大きな衝撃を与えた）で、天皇に好感をもったためという。しかし実際には、占領政策遂行の上でも、戦後の米ソ冷戦構造の中で日本を利用するためにも（天皇は、アメリカに対し、四七年九月に沖縄の米軍基地化を提案している）、天皇制保持を得策としたためである。

マッカーサーの政治顧問ジョージ・アチソンも、彼個人としてはあくまで天皇は戦争犯罪人であり廃絶すべきだとの確信を持ちながら、「この国を治め、改革を推進するためには日本政府を利用しつづけなくてはならないというこの事態においては、天皇が最も有用だということは疑いの余地がありません」（四六年一月四日付トルーマン大統領への機密報告書）と述べている。

ではなぜ天皇は、アメリカにとってそれほど利用価値があるものだったのか。

それは天皇が、勝者アメリカに対して非常に恭順だったからであり、そしてその彼に対して、日本国民がひたすら恭順であったからである。

内外の天皇批判が高まった四五年秋から、マッカーサーのもとには続々と天皇の助命嘆願が集まった。

「天皇陛下ハ私共日本臣民ノ生命デス　日本ニ天皇ガナクナルノハ国ガ亡クナルモ同然デスドウカ軍閥及財閥等ノ戦争指導有力者ハ犯罪ニフスモ　陛下ダケハ犯罪人トシテ取扱ニナラヌ様願ヒマス」（大分県Y・T）

「閣下　御きげんいかがでゐらっしゃいますか　今日もお願いいたします　天皇を裁判なさらないで下さいまし　天皇が　ただ御安泰にましますようお願い致します……」（西荻窪I・T　これには血判が押してある）

こうした名もない民衆の切々たる声が、あらためてマッカーサーに天皇保持の決意を固めさせたことはまちがいない。だとすれば結局、あれほどの惨禍にもかかわらず天皇を免責助命したのは、日本国民だったということになる。

たしかに敗戦直後の世論調査をみても、「天皇制支持」は圧倒的だ。四五年一一月、東大学生が都内の防空壕生活をしている人一〇〇〇人に対して「天皇制」支持・不支持を問うたところ、七八％までが支持を表明している（『朝日』一二月四日）。戦争のおかげで家財を失い、寒空に不自由な防空壕生活を強いられている人々ですらそうなのだから、一般ではもっと支持率は高い。

一二月九日付『読売報知新聞』によれば、一一月二一日放送の「天皇制」座談会（出席者　清瀬一郎、牧野良三、徳田球一）について賛否を問うたところ、回答三三四八のうち、「天皇制廃止」を主張する共産党徳田球一への賛成はわずか一六四（五％）、九五％は「天皇制護持」であった。

新聞の投書欄をみても「天皇制支持」は強い。『朝日新聞』は、「言論の自由と民主政治擁立の時代の声に沿い」、一一月から投書欄「声」を設けたが、一二月一二日の記事によれば、一一月中の投書数二八八九通、うち一七四通が「天皇制問題」に関するものであった。内容は、擁護論一三六、廃止論二一、態度不明確一二となっている。

擁護論の中には、「天皇制を国民の利益と合致するが故に支持するといふのは、余りに功利的な考へ方ではあるまいか。（略）大君の御前に我を捨てる。日本人が心から日本人としての誇を感ずるのはこれだけである。（略）天皇制を論ずるすら祖先に恥ぢ、日本人の純真性の失はれたことを嘆かねばならない」（岸本寿美子　一二月一三日付）という戦中そのままの絶対支持もあるが、大方は、「天皇制」というよりは天皇個人に対する敬愛、親近感による。

一一月一二日、天皇が伊勢神宮に敗戦を報告するため行幸したのに対し、一女性はこう述べている。

「少数の警官と警防団員のみで遮《さえぎ》るものは何一つなく、もったいない程近々と陛下の御姿を拝して感無量であった。敗戦によりはからずも国民と陛下との間には父子の情がとり戻されたのである」

この女性の発言は、民衆にとって天皇制は何であるかを知る上で非常に興味深い。彼女にとって、「大元帥陛下」「現人神」として権力と権威を一身に集めた天皇は、本来の姿ではなかった。この伊勢参拝にあたり、天皇ははじめて「大元帥陛下」の軍服ではなく、その一〇日ほど前に新たに制定された「天皇服」（学習院の制服をいかめしくしたようなもの）を着て、国民の前に登場した。そして内外の天皇批判を刺激しないよう「従来御料車の両側に配されていた近衛将校のサイドカーも今回は廃止され、御道筋の警官の姿も至って少数で極めて御簡素」（『朝日』一一月一三日）な旅行だったという。それこそが本来の天皇の姿であり、天皇と国民との間に「父子の情がとり戻された」――と、この女性は言うのである。

これはこの女性のみならず、日本の民衆のかなりの部分に共通する天皇観であった。

民衆――権力からも「知」からも遠い位置にいて、毎日食うためにあくせく働いている生活者――にとって、天皇はけっして畏怖すべき超越的な神でもなければ支配者でもなかった。明治以来の天皇制国家は民衆の素朴な共同体意識、祖先崇拝の念に依拠して、「万世一系の天皇を祖とする家族国家」論をねつ造し、強引に国家形成をはかった。その結果、天皇と国民のあいだの関係を「義は君臣で情は父子」とする見方は体制の押しつけとしてだけでなく、民衆のなかにも流れていた。天皇に父、というよりは慈母に対するような思慕を寄せる民衆も多かったのである。

したがって、慈母のごとく「赤子」を慈《いつく》しむはずの天皇が、タテマエの世界であまりにも仰々しく神格化され権力的様相を帯びれば、民衆の中には不満がうっ積する。「紀元二千六百年」が国をあげて祝われ、「万世一系」の「現人神」が大げさに讃えられた一九四〇年以後、特高警察の資料には、にわかに「不敬言動」がふえる。公衆便所の壁には、

「生めよ殖せよ陛下の様に／下手な鉄砲も数撃ちゃあたる」

「天皇のヘノコは一尺五寸！」

「皇后陛下ノオメコハドンナオメコヤ！」

などと書き散らされ、戦時下の生活窮迫に対する不満は、場合によっては天皇批判となって口に出る。

「近頃は酒どころぢゃない、米もろくに食へぬ様になったし鍋釜迄売って戦争をせにゃならん様ぢゃ日本も負けぢゃ、（略）大体天皇陛下は道を歩くにも一人歩きはせぬ、雨が降っても自分で傘もさしきらず人にさして貰ふ、こんなものこそ飯を食はんでも良い、国賊だ」（『特高月報』四四年二月分）

しかしこの発言のように戦時生活に対する不満を天皇批判にまで結びつけるものは多くはない。たいていは、身近な隣組長や配給所の親父、買出し先の農家に腹を立てて終わりとなる。せいぜいが政府や軍人どまりである。

天皇が「現人神」として権力と権威のよろいをまとって見えるのは、まわりの政治家や軍人のせいであり、天皇の責任ではない。それらまわりの暗雲が吹き払われれば、そこにはつねに国民すべてに御仁慈を垂れたまう「御祖《みおや》」天皇が太陽の如く輝いているはずだった。

敗戦によって、暗雲は吹き払われた。いまこそ天皇は、われらが「御祖」として親しいものとなった――。これが日本の民衆の大方の認識ではなかったか。

もちろん、敗戦による天皇の変貌を限りない裏切りととらえ、天皇観を一変させた人びともいる。「人生二五年」――青春の真盛りで「天皇陛下の御為に」死ぬことを義務づけられた特攻隊世代の若者たちである。彼らにとって、天皇はまさに神であり、真・善・美を体現する超越的な存在でなければならなかった。そうでなければ彼らの死は意義づけられず、したがって彼らの「生」も無意味なものになるからである。

にもかかわらず天皇は、敗けたとたん、ただの人間だという。何という裏切り！「などてすめろぎは人間《ひと》となりたまいし……」（三島由紀夫「英霊の聲」）

海軍少年兵として戦闘に参加し、二〇歳で敗戦を迎えた渡辺清もそうだった。彼は戦艦「武蔵」の乗員として仲間のほとんどが戦死という苛烈な戦闘を生き延びて復員したが、その彼にとって、四五年九月三〇日新聞紙上のマッカーサーと並んだ天皇の写真は、大衝撃だった。

「しかも訪ねた先方の相手は、おれたちがついせんだってまで命を的に戦っていた敵の総司令官である。『出てこいニミッツ、マッカーサー』と歌にまでうたわれていたうらみのマッカーサーである。その男にこちらからわざわざ頭を下げにいくなんて、天皇には恥というものがないのか」（渡辺『砕かれた神』）

この日、渡辺の中の「神」としての天皇は死んだ。以後彼は、天皇の戦争責任告発に執念を燃やしつづけ、五四歳で生を終えた。

しかし、戦争という〈非日常〉をも日常化する銃後の民衆にとって、渡辺のような敗戦による一八〇度の天皇観の変化は少ない。私たちが今回、敗戦時一〇歳以上だった女性約一二〇〇人に対して行なったアンケート調査によれば、敗戦直後、それまで行なわれていた宮城遥拝や神社参拝はほぼ一〇〇％やめているのに、自宅に掲げた天皇の写真をとりはずしたものは、わずか一二％。しか

マッカーサーとならんだ天皇

もその理由は「空襲で焼けてしまったから」「アメリカ軍が没収に来ると聞いたので」というのが大方であって、けっして渡辺のような天皇観の変化によるものではない（加納「女にとって8・15は何であったか」『銃後史ノート』九号〈復刊六号〉）。したがっていまだに、戦死した息子の写真と並べて天皇の写真を掲げているということにもなるわけだ。

　敗戦までの、まさに天皇制が祭政一致の国家機構として対外的にも対内的にも暴威をふるった時期においても、それを民衆は、けっして「天皇制」とは認識してはいなかったのだろう。だいいち「天皇制」ということば自体、民衆のものではない。昭和初期の共産党用語であり、ことば自体に批判を含んでいる。したがって「天皇制」なる語を使うこと自体が弾圧の対象であったから、一九四五年一〇月、マッカーサーの指令によって天皇についての批判の自由が保証され、これまたマッカーサーの指令によって出獄した共産党員が「天皇制廃止」の論陣をはるまで、国民の大方は、このことばを知らなかった。

　昭和初期、プロレタリア文学運動に参加した郡山吉江すら、敗戦の年の冬、再刊された『赤旗』

紙上にこの文字を目にしたときの衝撃を次のように記している。

「『天皇、天皇制打倒』――私はそれまで、天皇という文字がこのように安易に書かれたものを見たことも読んだこともない。（略）ああ、××制、××主義打倒。その××とは天皇であったのか」（郡山「反天皇制運動への視点」『女性と天皇制』所収）

そして郡山は、このことばによって、これまで自分たちを圧迫していたものの正体を一挙に悟る。

「私が長い間念願していたのは天皇制打倒であり、長い間うけていた圧迫の根源が、この天皇であったのか。そのことを私は何の迷いもなく、なんの理論的根拠もなく、おのれの肉体を通して感じた」（同）

しかし、郡山のような目の覚めるような感動をもってこのことばを受けとった日本人は多くはなかった。さきの世論調査や投書にも見られるように、つねに打倒対象であったはずの「天皇制」は、「擁護」「護持」の対象としても使われるようになるが、その場合も、「天皇制擁護」というよりは「天皇擁護」のニュアンスが強い。

「天皇制」への無自覚は、結局民衆の「国家」認識の甘さでもあった。国家というものは、どれほど民衆自身の思いをこめて民衆自身によってつくられようと、できた瞬間から民衆に対する牙をはらむものであるが、そうした国家の本質に対する日本人の認識は非常に甘い。国家に主体的に対峙するよりは、「運命共同体」としてベタリと一体化する。戦時中の「挙国一致」「一億一心」「一億玉砕」等々のことばは、こうした民衆の意識構造があってはじめて成り立つ。そして戦後は「一億総懺悔」――。

そうした意識構造をつくり出したものが、民衆の中の「御祖」天皇観であったろう。

敗戦による制度としての「天皇制」の非連続と、民衆意識の中の「天皇」の連続――。

「人間天皇」の誕生

この民衆の天皇認識の〈連続〉に依拠したのが、戦後の「象徴天皇制」であった。天皇の側でも、積極的にそれに依拠して延命をはかった。

一九四六年元旦の「人間宣言」につづき、二月中旬から天皇は、精力的に「御巡幸」を開始して、「人間天皇」の売りこみをはかる。おそらく、「大元帥陛下」の軍服を脱いでの伊勢参拝に対するさきの女性の投書にみられるような民衆の声が、一つのヒントになったであろう。また四五年一二月、交通事情極度に悪いにもかかわらず、はるばる宮城県の山奥から皇居清掃奉仕にかけつけた青年男女六〇名と身近に接したことも、民心に依拠して延命をはかる自信を彼に与えたであろう。

いまに続く皇居清掃奉仕の礎石となったこの「みくに奉仕団」のリーダーであった長谷川峻は、天皇から親しくことばをかけられた感激を、こう記している。

「天皇が、かかる真率なる草莽青年のあるがままの姿にお接しになられたことがあろうか。いないな、こうあってこそ初めて本当の御皇室なのである。（略）ああ君民一体とはこのことである。両陛下は金鵄勲章、功一級、勲一等の軍服、フロックコート、モーニング、あるいは裾模様の名流婦人の中におられるにあらずして、かかるむさくるしき、あるがままの百姓青年男女と共にあるのである」（『新世紀』四六年四月創刊号）

天皇もよほど嬉しかったのだろう。次のような「御製」をつくって喜びをあらわしている。

をちこちの民のまゐきてうれしくぞ宮居のうちに今日もまたあふ
戦にやぶれし後の今もなほ民のよりきてここに草とる

四六年元旦の詔書、いわゆる「人間宣言」は、学習院講師であったイギリス人ブライスの示唆により幣原首相が英文で書いたとされているが、一二月下旬、それを見せられた天皇はただちに賛意を表わし、冒頭に明治天皇の「五箇条の御誓文」を付して発表するよう示唆したという。「朕ト爾等国民トノ間ノ紐帯ハ、終始相互ノ信頼ト敬愛トニ依リテ結バレ、単ナル神話ト伝説トニ依リテ生ゼルモノニ非ズ」――神話ではなく「国民トノ間ノ紐帯」を強調することこそ延命の道であることを、充分に承知していたからである。

にもかかわらず、それから三一年後の七七年八月、天皇は宮内庁記者団との会見で、あの宣言の第一の目的は「民主主義」の手本である「五箇条の御誓文」を国民に提示することにあり、「神格否定」は二の次であったと述べている。敗戦による彼自身の危機、その変質をおおいかくし、明治以来の天皇制の一貫性を、こともあろうに「民主主義」の相において偽造したというべきだろう。

この「人間宣言」に引きつづき二月から開始された「御巡幸」は、大成功であった。二月から三月にかけて、神奈川、東京、群馬、埼玉、六月になって千葉、静岡、一〇月愛知、岐阜、一一月茨城。翌四七年にはさらに活発化し、二府二〇県、計六八日間に及んでいる。「文字通りの南船北馬であり、櫛風沐雨の旅」（大金益次郎『巡幸余芳』）であった。

「人間天皇」のお披露目とあって、現在のようなものものしい警護もなく、目的地の手前で車を降り徒歩で行くことも多かったのに、民衆のあいだからは怨嗟の声一つ上がらず、石ころ一つ投げられず――。それどころか、しばしば万歳を叫んで押し寄せる群衆にもみくちゃになっている。まるで熱狂的ファンに囲まれた大スターの趣きである。

天皇自身も、最初は内心ビクビクものであったろうに、四六年秋あたりからは、自分の人気にすっかり自信をつけ、「今日は崩れてとても楽しかった」などと、歓迎の列がくずれてもみくちゃになるのを喜んでいる。

愛する肉親を死なせ、家を失い、あれほど戦火に痛めつけられたにもかかわらず、いや痛めつけられたからこそ、民衆は母の慰撫の手をまつ幼児のごとく、「御祖」天皇を喜び迎えたのであろう。

「戦争中はご苦労であった」

「食糧は足りているか」

「家族は無事だったか」

こうした天皇の「御下問」に、片足を失った復員兵士も、一人息子を失った老母も、母子寮で暮らす戦争未亡人も、ただ感涙にむせんでいる。

それは民衆が、アジアに対する自らの加害責任に無自覚で、ひたすら被害者の位置に身を置いていたからでもある。加害者であることを自覚し、被害者でありながらなおかつ加害者であるという二律背反を直視したならば、その痛みのなかから、自らをその苦しい二律背反に追いこんだ元兇に思いいたるはずであった。

敗戦直後の八月三〇日、東久邇首相は初の記者会見で「事ここに至ったのは勿論政府の政策がよくなかったからでもあるが、又国民の道義の廃れたのもこの原因の一つである。この際私は軍官国民全体が徹底的に反省し懺悔しなければならないと思ふ」と述べた。いわゆる「一億総懺悔」論である。

これに対しては現在、支配層の責任をあいまいにするものとして反撥するものも多い。私たちのアンケート調査では、約半数がこのことばに反撥を示している（加納前出『銃後史ノート』）。

しかし、では「一億総懺悔」とは、何を、誰に対して懺悔するのかとなれば、まことにあいまい模糊。私たちの調査では「侵略したことを中国等の民衆に詫びる」がいちばん多いが、「敗戦を天皇に」「開戦をアメリカに」というのもかなりある。そしてまさに、当時東久邇のいう「一億総懺悔」は、戦争に敗けたことを天皇に懺悔するものでしかなかった。

天皇陛下に申訳けない。これは将軍連中だけでなく、敗戦直後、一般民衆のなかにもあった。敗戦の「玉音」放送に、「天皇さまおかわいそうに」と身をもんで泣く女たち、皇居の玉砂利にひれ伏して、力足らずに戦い敗れたことを天皇に詫びる男女も多かったのである。

天皇巡幸は、そうした民衆に対する〈許し〉の旅でもあった。天皇さまに拝謁を許されたからには、彼らの戦争責任（敗戦責任）は、消滅したのである。天皇の戦争責任免罪のための巡幸は、民衆にも免罪符を与えたといえる。あとは、一切の戦争責任はちょうど進行中の東京裁判法廷に立つ軍人、重臣たちにまかせればよい。天皇と民衆は、ともに被害者として手をとり合い慰め合い――。この「無責任」の君民一体！

しかしもちろん、天皇は老獪である。民衆が熱狂し感涙にむせんでいる間に、着々と次の手を打っている。戦争未亡人や引揚者だけでなく、日本再建の礎である基幹産業の経営者を訪ねると同時に労働者にも親しく声をかけ、叢生する労働組合の幹部にも会い――、その後の労資一体による高度成長の布石は、ちゃんとうっている。

そして四七年秋、国民体育大会（金沢）と植樹祭（富山）に出席する。いまに続く「象徴天皇制」の行幸の形態は、この時期確立された。それがいま、どのように大げさな準備と警備のもとに行なわれているかは、さきにちょっと触れたとおりだ。

そこには「戦前」が、みごとに復活している。国体や植樹祭の開催が決まれば、地元では二年前から準備が開始され、何度も下検分が行なわれるが、そこでは地元担当者と宮内庁係官のあいだで、こんなマンガチックなやりとりがなされるという。

「ホームに降りられたら、どの辺を歩いていただくのですか」――「やはりまん中をご案内して下さい」
「陛下に歩き始めていただくとき、右を振り向いて合図するのですか、左を向くのですか」
――「まあ、そのときの雰囲気でどちらでもいいでしょう」
（高橋紘「『行幸啓』の実態と戦後の『地方巡幸』」『地方自治職員研修』七七年四月号）

そして一年以上前から「要注意者」（右翼・左翼・精神障害者等）のリストが作成され、監視が開始される――。

「水に落ちた犬を打」つどころか、「君民一体」「親子の情の回復」などと喜んでいたら、どのようなシッペ返しを受けるか。

ともあれ四六年から開始された戦後巡幸は四八年の中断をはさみ、五四年の北海道をもって終わる。総計一六五日、三万三〇〇〇キロの旅であった。

そして、北海道、沖縄を残して全国行脚を終えた五二年五月、皇居前広場で行なわれた講和条約成立記念式典において、天皇は戦後つきまとっていた退位説を正式に否定した。これはその三カ月前、中曽根康弘が天皇退位を心配し、衆院予算委員会で政府の見解を質したのに対する最終的な解答といえる。

「身寡薄なれども、過去を顧み、世論に察し、沈思熟慮、あえて自らを励まして負荷の重きにたえんことを期し…」

まるで「世論」が求めるのでいやいやながら……といわんばかりである。

二年前から始まった朝鮮戦争のおかげで戦後復興の契機をつかみ、米ソ冷戦構造の一翼を担うべく単独講和によって「独立」を果たした日本は、この年保安庁を設置して本格的な再軍備にのり出し、破壊活動防止法、公安条例制定等により「戦後民主主義」の抑えこみにかかる。

天皇の退位否定宣言の二日前の五月一日には、そうした動きに反対するデモ隊が同じ皇居前広場(「人民広場」と呼ばれていた)に押しかけ、警官隊の発砲によって、二名の死者が出ている。いわゆる「血のメーデー事件」である。

しかし国民の大方は、その秋に行なわれた皇太子立太子礼の宮殿絵巻に目を奪われ、反動化の波に身をゆだねた。

この年以降、皇居前広場にデモ隊が渦巻くことはもはやない。そして戦後数年間、ここが「人民広場」と呼ばれたことも、いまではすっかり忘れ去られている。

(原題「民衆意識における天皇制・国家」(前半)、『講座・現代と変革2　現代日本の支配構造』新地平社、一九八四年八月)

もはや戦後ではない

五五年体制の成立と〈愛される天皇制〉

北海道国体と沖縄国体

一九五四年八月六日、昭和天皇は、皇后ともども北海道旅行に出発した。『朝日新聞』はこれについて、つぎのように解説している。

「この御旅行は天皇陛下が終戦直後から念願とされていた全国旅行の最終のコースとなるもので、天皇陛下は十八年ぶり、皇后さまは初めての御渡道である」（傍点引用者）

つまり、敗戦直後の四六年二月からはじまった天皇の戦後巡幸、その最後の仕上げとしての北海道旅行――、これが『朝日』だけでなく、当時一般の見方だった。

もちろんこれはまちがっている。たしかに天皇の戦後巡幸は、五一年までに本州・四国・九州の四五都府県すべてに及んでいたが、沖縄には行っていない。にもかかわらず当時の〈日本〉では、天皇の北海道旅行は戦後巡幸の最後の仕上げ、と受けとられていた。

ということは当時の〈日本人〉には、五二年四月二八日、日本独立とともに切捨てた沖縄は、まったくみえてなかったということだ。まして、四七年秋、沖縄の米軍基地化をアメリカに提言して沖縄切捨てに積極的役割を果たした天皇にとっては、沖縄はまったく視野の外。まさか三十余年後の今年（一九八七年）、〈最後の仕上げ〉の再仕上げのために沖縄を訪問することになろうとは、ユメにも思っていなかったにちがいない。

それはともかく、五四年の天皇の北海道旅行には、「最後」の戦後巡幸のほかに、もう一つ大きな目的があった。国体出席である。

第九回国民体育大会は、五四年八月二二日から、北海道で開催された。八月六日、那須の「御用邸」を出発した天皇夫妻は、七日函館に上陸、室蘭、旭川、網走、阿寒湖、釧路、帯広などをまわり、八月二一日札幌に到着、二二日円山での国体開会式に出席している。

一九五四年の北海道国体と、八七年の沖縄国体——。この二つは、三十余年の歳月に隔てられ、地理的にも日本の南北両端にかけ離れている。にもかかわらず、そこには、明らかな共通点がある。どちらも、きわめて強い政治的意図のもとに実施され、その結果、天皇だけでなく皇族が総出動しているということだ。

今年の沖縄国体には、九月浩宮、一〇月天皇[1]、一一月皇太子と、天皇家直系三代が総出動するが、五四年の北海道国体には、天皇・皇后のほか、秩父宮妃、高松宮、三笠宮と、天皇の弟たちが総出動（秩父宮は前年死亡したので、秩父宮妃が代わって出席）。さらに「御降嫁」したばかりの天皇の三女池田厚子夫妻や皇后の兄久通朝融まで登場している。まさに「天皇御一家本道にお集まり」

（『北海道新聞』八月二一日）だったのだ。

五五年体制の地ならし

この天皇一族の動きをたどるとき、非政治的とされる戦後象徴天皇制の政治性が、いやが上にも浮かびあがってくる。

まず第一に、天皇の北海道訪問は、生まれたばかりの〈私生児〉自衛隊を国民に認知させ、再軍備反対の声を抑える働きをした。

五〇年八月、マッカーサー指令にもとづいて創設された警察予備隊は、五二年、日本独立とセットになった安保条約によって、保安隊と名を変え増強されるが、天皇渡道の直前の七月一日、陸海空三軍完備の自衛隊が発足し、はじめて外敵防衛を任務に掲げた。その仮想敵国はもちろんソ連である。したがって誕生したばかりの自衛隊は、北海道に重点配備されることになる。天皇一族は、この自衛隊北海道配備の地ならしの役割を果たしている。

八月七日、青森港を出港した天皇の「御召船」洞爺丸（この船は一カ月半後の九月下旬沈没。死者行方不明一一五五人という日本最大の海難事故となった）は、海上保安庁の巡視船四隻のほか、生まれたばかりの海上自衛隊のフリゲート艦一二隻、掃海艇一二隻、ヘリコプター七機に護衛されて津軽海峡を渡った。しかもこのとき、海上自衛隊はかつての帝国海軍同様、天皇の船に登舷礼を行なっている。そして上陸した天皇は、軍装の陸上自衛隊による捧げ銃で迎えられたのだった。

こうした天皇の「大元帥陛下」的行為はマスコミでも問題になり、八月二〇日ニセコで行なわれた記者会見では、これについて記者団から質問された。しかし天皇は答えず、ただちに会見を打ち切って席を立っている。

このあと天皇は、二二日国体開会式にのぞみ、二三日帰京したが、秩父宮妃、三笠宮は二六日まで、高松宮は二八日まで北海道にとどまった。福島、宮城、九州などの陸上自衛隊が北海道移駐を開始したのは、高松宮が帰京した二八日である。

さらに、天皇の北海道訪問は、当時、高度成長への離陸を目指して強力に行なわれていた産業合理化を推進する役割をも果たしている。当時合理化の中心は石炭と鉄鉱にあり、そのなかで、日鋼室蘭製作所は九〇〇余人のクビ切りを発表。これに対して労働者は、七月八日、その撤回を求めてストライキに突入した。

これが労働運動史上名高い日鋼室蘭の二〇〇日ストだが、八月九日天皇の室蘭入りにあたって争議は休戦。これをめぐって組合内部に分裂の芽がきざし、争議切崩しが活発化。国体終了直後の九月二三日、第二組合が成立し、争議は敗北に向かう。この日鋼室蘭争議の敗北は、鉄鉱合理化による高度成長を促しただけでなく、労働運動史の画期をなすものだった（大宮みゆき「『ぐるみ』闘争と女たち」『銃後史ノート戦後篇　55年体制の成立と女たち』）。

また天皇の北海道訪問は、技術革新と情報化時代の幕開けを告げるものでもあった。このときはじめて、「御召列車」にＶＨＦ（移動式超短波無線電話）がとりつけられ、警備の近代化がなされたし、またこのときはじめて、民間放送で天皇の北海道での動静と国体の模様が中継放送された。スポンサーは明治乳業である。

そして北海道に集結した天皇一族は、その帰路にはじめて飛行機を利用している。これは大ニュースとして写真入りで新聞に報じられ、日本航空の宣伝に大いに貢献した。このとき日航は、三年前営業を開始したものの、五二年四月に木星号が伊豆大島に墜落、安全性への不安から伸び悩んでいた。天皇一族の日航機利用は、この不安を払拭し、空の時代の幕開けを促すものだった。

いま天皇の車にひるがえる朱色の天皇旗が、はじめて登場したのもこの北海道旅行でのことである。

つまり、一九五四年という時期における北海道での国体の開催、天皇の北海道訪問は、明らかな政治的意図のもとに精密に練り上げられたものであり、そしてその目的をじゅうぶんに達成したといえる。

翌五五年二月、日本生産性本部設立、七月経済企画庁発足。この年日本経済は戦後最高の生産をあげ、ついに戦前水準を回復。これをうけて五六年の『経済白書』は、「もはや戦後ではない」と高らかに宣言した。そして総評は、五五年にはじめて春闘方式を導入し、経済闘争中心主義への路線転換を開始する。いわゆる高野路線から太田路線への転換である。

同じ五五年一一月、民主党、自由党は合同して自由民主党を結成、いまにつづく長期保守安定政権が誕生する。この保守安定政権のもと、日本は高度経済成長への離陸を果たし、世界に冠たる経済大国にのし上がったのだった。

　こうした戦後史の大画期、いわゆる「五五年体側」の成立にあたって、その障害をとり除き、最後の地ならしをしたのが、五四年の北海道国体、天皇の北海道訪問だったといえる。

〈愛される天皇制〉の成立

　天皇の北海道訪問によってもたらされた五五年体制は、あらたな天皇制をともなった。大衆天皇制、あるいはマイホーム天皇制、週刊誌天皇制ともいわれる非権威的な〈愛される天皇制〉である。それは一九五四年はじめの皇居解放から開始されている。

「ついこの間まで垣間見ることさえできなかった皇居を、拝観できるような有り難い御時世になりました」。

　主婦向けの大衆誌『主婦の友』五四年一月号の「サザエさん皇居に入る」で、マンガ家長谷川町子がこう書いているように、この年から皇居の一般参観開始。同じ『主婦の友』一月号には「天皇さまの御寝室――初めて発表された両陛下のお住い拝観記」などと私生活のぞき的記事（ただし内容は皇居内の荒れ果てた様子と、天皇家の「御質素な」暮しぶりを慨歎したもの）もあって、開かれた「菊のカーテン」キャンペーンに一役かっている。

　こうした前宣伝のためか、五四年新年の皇居一般参賀には三八万人が押しかけ、死者一六人を出す惨事（二重橋事件）を引き起こしたが、六月一五日から、一〇人以上の団体で申込めば、一日一〇〇〇人以内の皇居参観者受入れを開始している。

こうした皇居開放に加え、五五年に入ると、旅行、会見、会食、見学、参観などの名目による天皇一家の外出が目立って多くなる。一月から五月までの間に天皇の外出一一回、このなかには天皇の初の相撲見物も含まれている。皇太子も同様に一一回。日比谷の自動車ショーや、神宮球場の野球、テニスのデビスカップ戦、音楽会などである。まだ一〇代の天皇の次男義宮や四女清宮も、ボクシング、野球、音楽会などに一〇回ほど出かけている。

つまりこのとき天皇家は、〈愛される天皇制〉づくりのための国民との接触に、一家をあげてとり組みはじめたのだ。こうした流れの上に、五八年一一月、皇太子、正田美智子との婚約を発表。いわゆるミッチーブームによって、非権威的〈愛される天皇制〉は、一挙に日本社会に定着することになる。

注

（1）一九八七年九月下旬、天皇は膵臓ガンで入院手術、訪沖は中止された。

（原題「カエルは水から煮られるか」（前半）『インパクション』四九号、一九八七年一〇月）

ミッチーブーム

茶の間に侵入する天皇制

一九五九年四月一〇日、金曜日。

日本の女性がはじめて選挙権を行使した日を記念して、この日から第一一回婦人週間が始まっていた。スローガンは、「個人の自由と責任が集団を育てる」。しかしたぶん、このスローガンに注意を払った人はほとんどいなかったろう。金曜日だというのに会社も官庁も学校もお休み、人びとの目は「個人の自由と責任」などとはおよそ無縁の、東京の中心で行われている皇太子（当時）の結婚式に向けられていたからだ。

気象庁の予報では、この日東京は一日中曇り、午後はにわか雨があるかもしれないということだったが、朝から雲一つない晴天。気温もぐんぐん上がり、最高気温二五・六度と、六月下旬の陽気だった。『朝日新聞』夕刊は、一面に「日本晴れ　皇太子さまご結婚」と大見出しを掲げたが、『神奈川新聞』は、号外で「空はミッチー晴れ」とハシャイでいる。

午前六時三〇分、「ミッチー」こと日清製粉社長正田英三郎長女美智子は、宮内庁差し回しの一九三〇年型メルセデス・ベンツに乗り込み、皇居・呉竹寮に向かった。そこで彼女は、二時間以上かけて十二単《ひとえ》におすべらかし姿になり、一〇時、賢所での「結婚の儀」に臨む。

午後二時、ローブ・デコルテに着替えて「朝見の儀」、二時半から馬車パレードで東宮仮御所へ、四時「供膳《くぜん》の儀」、そして夜九時「三個夜《みかよ》の餅の儀」とつづく長い一日を経て、「ミッチー」は、「妃殿下」になった。

テレビ、ラジオは、「結婚の儀」が終った一〇時一二分から、それまでの「美智子さん」を「美智子さま」に改めている。三〇年後の一九八九年、その「妃殿下」がついに「皇后陛下」になったのはご承知のとおり。

華麗な宮廷絵巻の政治性

この長い一日の一連の儀式のうち、「結婚の儀」と「朝見の儀」は、国事行為として行われている。一三日から三日間、各界代表を招いて催された「宮中祝宴の儀」も国事行為だった。賢所での「結婚の儀」は神道儀式であり、とばりのむこうで、秘儀として行なわれている。

これはあきらかに、憲法の政教分離原則に抵触する。にもかかわらずマスコミは、それを問題にするどころか、「民主的皇室」論の枠組みで四苦八苦。『朝日新聞』は「結婚の儀」について、「原始的であるとか、民主主義的でないとかの批評も、むろんあろう。けれども、たぶん、それは見当違いといえるのではないか。結婚の儀は、公的行事には相違ないにしても、より根本的には天皇家

の私事でもある。私事は、その家風にしたがって、好むところを行えばよろしかろう」（四月一〇日夕刊）

また『神奈川新聞』は、当日の社説で「平民から皇太子妃が出るのは日本の皇室史上最初のことであり、新時代の息吹を感じさせる」としたうえで、はじめて「結婚は両性の合意のみに基づき…」という新憲法の精神が生かされたとしている。

これは、どう考えても無理である。「結婚の儀」が天皇家の私事なら、多額の税金を使って国をあげて大騒ぎをするのはおかしいし、皇室会議の許可が必要な結婚が「両性の合意のみに基づ」くはずもない。

当時『朝日新聞』の「お妃記者」だった伊藤牧夫によれば、記者会では、国事行為であるからにはそのすべてを国民に公開するべきだとして「結婚の儀」の完全報道を宮内庁に要求したが、結局一四人の記者だけがモーニング姿で式場に入り、カメラはロングで、盃の瞬間は撮影不可ということで押し切られてしまったという（「お妃記者の自己批判」『婦人公論』五九年七月号）。

それでも賢所にテレビカメラが入ったのは「開かれた皇室」を象徴するものと評価されたようだ。「テレビのレンズという、いわば『大衆の願望の代表』がタブーを打ち破って禁断の地に踏み込んだ、という考え方である。しかし『踏み込まれた』のは皇室の方であったろうか。この日を境に、『皇室が』われわれの茶の間にはいり込んできたのではなかったか」。

共同通信の、やはり「お妃記者」だった犬養康彦は、一九六七年、自己批判をこめて、こんなふうに振り返っている（斎藤茂男『地下帝国へ』による）。

たしかに、十二単の古代絵巻に、ダイヤモンドのティアラー（宝冠）きらめくシンデレラさながらの馬車パレードは、茶の間への演出効果満点だった。ひとびとは、はじめて茶の間で見る和洋両様の華麗な宮廷絵巻に目を奪われ、政教分離原則だの憲法違反だのというシチメンドクサイことには思いも及ばない。まして、目も綾な宮廷絵巻の持つ政治性、天皇制の権威強化など論外のことだった。

ついで言えば、三〇年後の一九八九年一月、いよいよ明仁が皇位に就くにあたって行われた「朝見の儀」に対して、「主権在民」の憲法に反するという声が上がった。これに「右」の側は、「ご成婚」のときも「朝見の儀」をやったが、そのとき反対はなかったではないかと反論した。たしかに、当時の新聞雑誌を見るかぎり、「朝見の儀」に対する批判は見当たらない。

新聞は「朝見の儀」について、「結婚の儀」に出席しなかった天皇（昭和）・皇后に、ほやほやの新夫婦が結婚を報告し祝福を受ける儀式と解説している。これではふつうの人には、一般家庭の両親と息子夫婦のご対面としか思えない。たしかに写真を見ても、椅子に座った二組の夫婦に女官の姿が見えるだけ、明仁就任にあたっての「朝見の儀」の、国民の代表である総理大臣や国会議員に対して一段高いところから「お言葉」を賜るかたちとは明らかにちがう。

しかし、だから問題ないとはいえない。新夫婦との親子の対面が、天皇家の場合は「朝見の儀」という国事になるということの問題性。しかもこの儀式が、賢所での「結婚の儀」とともに皇族男子の結婚儀礼になったのは一九一〇年の皇室親族令によってであるから、「明治」以前はおろか「大正」天皇もやっていない。一九二四年「昭和」天皇が初めてやったことを「皇室の伝統」として、戦後民主化されたはずの皇室が引き継いだわけだ。「伝統」をいうなら、これのもとは男から女の親に結婚を報告する「後朝使」である。それを伊藤博文らが天皇の権威強化のために、逆に男の親、つまり天皇の前に呼びつけて謁見するかたちにしたわけだ。

それに何の批判も加えることなく、当時のマスコミは、茶の間に垂れ流している。それは、斎藤茂男の『地下帝国へ』によれば、広告収入の増大というマスコミの商業主義と同時に、「警職法改悪反対闘争が吹き荒れたあと、間近な安保改定をめざして内政に腐心していた岸自民党政権と資本の側からの、政治的要請に起因するものだった」という。

つまり、前年岸信介内閣は、安保改定への反対を押えるために警察官職務執行法の改悪を国会上呈したが、これに対しては、『週刊明星』といった大衆誌まで「デートもできない警職法」特集を組むなど、マスコミは反対の世論形成につとめた。その結果廃案になったが、これに危機感を持った政財界は、「最近は急進的な社会改革を主張する学者、労働者が目立ち、ジャーナリズムの中にもその傾向がある」(足立日商会頭)としてマスコミへの介入を強めたという。

斎藤によれば、「ご成婚」は、「警職法によって目覚めた国民の政治的自覚を吹っ切り、一時的にもせよ、政治的無関心を植えつけるため」の絶好の機会だったから、奉祝ムードに水をさすような記事はタブー。新聞の投書欄にも批判的なものはほとんど載せず、「ご成婚は皇室の私事であって国事とするのは憲法違反だ」とする署名原稿はボツになった。

テレビの長い一日

「ご成婚」が、テレビ普及の跳躍台になったことはよく知られている。前年一〇〇万台だったテレビは、この年四月、ついに二〇〇万台を突破した。当時は白黒テレビで約六万円したが、これは現在の物価水準に直すと一〇〇万円ぐらいになる。それでも、「ご成婚」前に購入しようと「受像機は奪い合い、軒並み品切れの小売商」(『神奈川新聞』四月九日)という状況だった。当日は、電気店の店先やテレビのある食堂、銭湯は黒山の人だかり、結果として、一五〇〇万人がテレビで「ご成婚」を見たと推定されている。

今回私たち(女たちの現在を問う会)が行なったアンケート調査[1]では、テレビを見た人は四四七人中三三一人で七四%。そのうち自宅のテレビで見た人は一九八人(四四%)。このなかには「ご成婚」のためにテレビを購入した人が二九人いる(『銃後史ノート戦後篇5 女たちの60年安保』)。直後に『婦人公論』が七県の農村男女二九五人と都市部サラリーマン九三人の計三八八人に対して行なった調査では、「ご成婚」をテレビで見た人は六五%。うち、自宅で見た人は一六%で私たちの調査結果よりかなり低い(『婦人公論』五九年七月号)。私たちの調査結果には、三〇年という時間の経過による記憶ちがいもあるのかもしれない。

当時鹿児島の離島・甑島で助産婦をしていた東海林としは、島にはまだテレビがなかったが、自衛隊の基地にはいち早く入っていたので、島の人たちは隣部落の基地まで見に行ったと私たちのアンケートに書いている。

この日は、テレビにとっても長い一日だった。ふだんは朝七時に始まり夜一一時に終わっていたが、この日は朝六時から正田家の前にカメラを並べて美智子の出発を実況中継。夜も民放は、二〇分から五〇分も放送終了時間を遅らせている。しかもパレード実況にあたっては、各局競ってヘリコプター、クレーンカーなどの新兵器を導入し、日本テレビは各社に先がけて、この日はじめてカラー放送を行なった。「ご成婚」は、テレビハイテク化への跳躍台でもあったのだ。

この長い一日に動員されたタレント・文化人は、ざっと新聞のテレビ欄を見渡しただけで、高峰秀子、岡田茉莉子、石原裕次郎、徳川夢声、江利チエミ、雪村いづみ、水谷良重、コロンビア・ローズといった人気スターがズラリ。そして歌舞伎も邦楽も浪曲も漫才も、クラシックもジャズもポピュラーも、芸能界総出演である。幸田文といった渋い作家まで、詩人のサトーハチロー、女優野添ひとみとともに日本テレビで街頭インタビュアーとして登場している。

この街頭インタビューというのは、かなりクセモノらしい。当時二二歳、福岡市在住の森部聰子によれば、彼女は当日、NHKの街頭多元中継でインタビューされたが、「前日ディレクターに依頼され、指定された所に行き、『皇室が国民に親しまれる存在になればいい』というようなことを言いました。今考えると恥ずかしいことですね」とアンケートに書いている。

もう一人、やはり福岡の学生だった渡辺多賀子も、「婚約の写真展（?）を見に行き、ミッチーバンドをはめさせられ、テレビ取材に応じた記憶がある」と書いていた。

何のことはない、いうならばヤラセである。これは福岡だけのことではあるまい。ミッチーブームや「ご成婚を喜ぶ街の声」は、こうして作られた部分もかなりあるのではないか。

この日、三島由紀夫作詞・黛敏郎作曲の「奉祝カンタータ」が演奏されたり、NHKの夜の番組で曽野綾子が「これからの皇室」座談会に出席しているのは当然として、井上靖の「祝・御結婚」の詩や、岸田衿子の音楽詩「山河に歌満てる国」が岸田今日子によってラジオ放送されているのは、ちょっと意外だった。

と思っていたら、なんとこの原稿を書いているさ中の一九九〇年四月一二日、「皇后さま、あなたさまのお美しい笑顔が…」といった岸田今日子の声が聞こえてきた。日本テレビの特別番組「平成の貴婦人・美智子皇后」のナレーションである。三一年前の番組でも彼女は、こんなふうに最大敬語で朗読したのだろうか。

作家野上弥生子の『日記』によれば、NHKは、当日のテレビで野上弥生子と嶋中雅子（中央公論社社長夫人。六一年二月、「風流夢譚」事件で重傷を負う）の対談を企画し、何度か野上家を訪ねて口説いている。野上は、四月一三日から催される「宮中祝宴の儀」に招待されたたった四人の女性の一人だったから、NHKだけでなく他局からも声を掛けられたようだ。しかし、「いひ度い事を控えつつあたり障りのない事を話しあっても無意味ならんといってことわった」（『日記』三月二八日）。祝宴への招待も健康を理由に断わっている。

このとき招待された女性は、野上のほか、女流文学者協会を代表して宇野千代、婦人少年問題関係から山高しげり、新劇界から東山千栄子である。この三人は招待に応じている。

あやかり商法、あやかり結婚

地方自治体や企業や商店街も、このときとばかり奉祝ムードを盛り上げ、商売につなげている。皇居のある千代田区役所は、三月早々、四谷から神田あたりにかけての沿道に、二人のテニス・ルックにちなんで、Vネック板に扇、それに二本の日の丸と五色のテープをあしらった奉祝飾りを取り付けた。その他、中央・港・大田など一三の区でも、祝賀式典、記念植樹、パレードなどを行っている。

都は、当日五輛の花電車を走らせ、四月一六日、神宮外苑に一万人を集めて「皇太子殿下ご結婚祝賀式典」を挙行した。これには、岸首相も出席している。

各デパートでは、年明け早々から春物の売り込みに懸命、訪問着姿での美智子の母校訪問をきっかけに短大などの卒業式用に訪問着を売り出し、なかにはお堀の白鳥に王冠や、ラケットを散らした図柄もあった。雛祭りにテニス・ルックの「ミッチー雛」を売り出したところもある。銀行は「ご成婚記念定期預金」を募集し、菓子業者の組合では、菊の紋章入りの御料車や舞扇の精緻なお菓子を作って展示会を開いた。

正田家のある五反田商店会では水銀灯を新設し、四月六日に風船パレード、八日から一二日には奉祝芸能大会を開催している。二人の新居にもっとも近いデパートである渋谷東横デパートでは、毎日新聞社と共催で「婚礼風俗史展」を開催するとともに、全店奉祝一色に染め上げ客を誘った。

隣の神奈川でも、多彩な奉祝行事が行われている。四月一〇日午後、県・横浜市・神奈川新聞社などの共催による祝賀音楽パレードが横浜・伊勢崎町を行進したが、川崎市の目抜き通りでも行われている。鎌倉市では、駅前に高さ六メートルの奉祝アーチを建て、鶴岡八幡宮で奉祝祭と記念植樹。

この記念植樹というのは、戦前から「御大典」「紀元二千六百年」など天皇制のビッグ・イベントにはつきものだが、アンケート回答者の一人当時山口県の中学生だった徳永靖子は、「同年四月に結婚したカップルには、正田家より記念樹が贈られたとのことで、中学校の教師がもらったとの話です」という。正田家の出身地群馬県、美智子の母富美の実家の出身地佐賀県ならともかく、山口でとなると、全国的に贈られたということだろう。

ミッチー・ブームの一つに「あやかり結婚」なるものがあり、鎌倉鶴岡八幡宮でも当日九組の結婚式があげられているが、四月中、全国となったらぼうだいな数になるはずだ。そのすべてに正田家から記念樹が贈られたとすれば、その費用だけでも大変だ。「行李一つで来てほしい」というのが、皇太子のプロポーズの殺し文句だったというが、実際はトラック三台、二四〇〇万円の嫁入り支度という。

「粉屋の娘」だの「平民」だのといいながら、その実、平均月給二～三万という当時の庶民には、正田家の財力そのものも「雲の上」の話だった。

美智子さんだって…

さて、こうしたミッチーブームや「ご成婚」騒ぎを、女たちはどんなふうにみていたのだろうか。

じつは私は、この年の四月に京都の大学に入ったが、例年なら四月一〇日が入学式なのに「ご成婚」休日で一日延びたという記憶がある。しかし、それ以外はまったく覚えていない。たぶん京都の街中で、下宿生活に必要な買い物をして過ごしたのではないかと思うが、街に奉祝ムードが溢れていたのやらいなかったのやら、第一テレビを見たのかどうかさえ記憶にない。「ご成婚」を喜んだ記憶もなければ腹を立てた覚えもない。要するに「無関心」だったのだろう。

私たちのアンケートのミッチーブームについての質問に白紙のまま戻された方々も、たぶん私と同様だったのだろうと思う。しかし、すでにいくつか紹介したように、具体的な体験・思い出を書いてくださっている方もけっこういる。それを紹介しながら、女にとってのミッチーブームや「ご成婚」の意味を考えてみたいと思う。

「ご成婚」当日印象に残ったこととして一番多いのは美智子の「美しさ」だったが、次に多かったのは、パレードの途中、一九歳の予備校生Nが石を投げて馬車に飛びかかった事件である。これに触れている人が二六人いた。

うち五人は「暴漢」という言葉を使っている。これにはもちろん、批判がこめられている。しかし、彼女たちは、そういう言葉をどこで記憶に刻んだのか。アンケートの購読紙を聞く項目を見たところ、五人とも『朝日新聞』である。しかし『朝日新聞』の石投げ事件報道には、さすがに「暴漢」という表現はない。『毎日』『読売』にもない。他の新聞雑誌を丁寧にみればあるのかもしれないが、ひょっとすれば、「暴漢」「凶漢」という言葉がさかんに使われた難波大助による皇太子（昭和天皇）狙撃事件（一九二三年一二月）の記憶が、民衆の中に生き続けていたのかもしれない。和泉あきは、石投げ事件に共感をこめて「難波大助事件を思い出しました」と書いている。

否定的な意見としては、「犯人」の少年が信州人と知って、「同県人として恥ずかしかった」と書いた女性がいたが、同情・共感の言葉を記した人のほうが多い。

「ひどい捕らえられかたに胸が痛んだ」、「心から拍手した」、「家族ともその後の人生が大きく狂ったのではないかと心配しました」ｅｔｃ。

Ｎ少年は調べに当って、その動機を次のように語っている。

「高校三年のとき、母校が火事で焼けた。そのとき学校を再建する費用四〇〇〇万円がなかなか集まらなかった。それなのに皇太子と美智子二人のために、二億三〇〇〇万もかけて御所を新築するという、そんな不合理に腹がたった」。

二億三〇〇〇万円もの国民の税金を使った超豪邸は、翌六〇年完成。安保闘争のデモ渦巻く六月一一日、美智子たちは生まれたばかりの浩宮とともに仮御所から移り住んだ。そしてＮは、精神分裂の烙印を押され、二年間の保護観察処分を受ける。その後彼は、トラック運転手、土建会社、水商売、総会屋など転々と職を変えている。五〇歳になった彼は、いま礼宮・紀子の結婚ブームをどんな思いで見ているだろうか。

しかし、Nのように自分と引き比べてその不合理を怒るよりも、逆に自分たちの日常が貧しいからこそ、「ご成婚」の華やかさに身をゆだねてしまう女性が多かったようだ。

当時豊中市に住んでいた平岡弘子は、「夜間の短大（保母資格を取るため）にいっていました。電気も寒々とさみしい教室で、級友たちが成婚についてワイワイ言っているのが何とも場違いな印象を強くもっております」と書いている。

山梨県の橘田浜子も、クラス会に行ったら、すでに適齢期の子供をもつ昔の級友たちが、皆皇太子の結婚に夢中、馬鹿馬鹿しくなって「自分の子供のことを考えたら」と言ったら、「それはそうね」と大笑いになったという。

それどころか、「美智子さんだって…」をアイデンティティの砦とした女性もいる。京都府在住、当時高校一年の高橋幸子は丸顔の美智子に安心し、小学校六年で生理を迎えた川名はつ子は「美智子様にだって生理があるんだ」と思うことで自己嫌悪をなだめている。アンケートには、「美智子さんだって二四まで結婚しなかったんだから」と、結婚圧力に抗したことを書いている女性もいた。当時は二四歳といえば、女の「適齢期」を過ぎたとされていたのだ。二五歳の皇太子との結婚に、「姉と弟みたい」という声がかなりあったが、京都の寿岳章子は、当日電車の中で「コータイシ、ヨメハンのシリにシカレルデエ」とたくましい中年女性が連れに話していたと書いている。

これについては逆に、「二四まで独身でいたのは企図があったからと思った（女の側に）」と、当時高校生だった人は書いている。つまり、皇室との結婚という超玉の輿をねらって婚期を遅らせていたと見たわけだ。美智子個人に対する批判的な感想はこれだけである。毎日新聞のお妃班記者だった関千枝子によれば、正田家は皇室との結婚にかなり積極的だったようだ。しかし、結婚後の美智子の痩せぶりに「おいたわしい」「お気の毒」と、まるで美智子が人身御供にでもなったように同情を惜しまない人が多い。

ミッチーブームを作り出すのに、学校の教師も一役買っていたようだ。当時東京で高校生だった人は、「高校教師が『成婚』は歴史的な出来事だから、TVを見てなんでもいいから感想を書いておけ、と言った」。千葉県市川の高校生だった方も、「学校の先生が『まだ弟もいますから、皆さんも可能性がありますよ』と教室で話した」と書いている。

そういえば、私も思い出すことがある。五八年一一月二七日、帰りのホーム・ルームに担任の数学教師が顔を真赤にしてかけこんで来たと思ったら、その手に高々と掲げられていたのが皇太子婚約の号外だったのだ。

「『君が代は春風にのって』なしくずしにじわじわと皇室中心国家主義の浸透をねらっていると危惧した」という山梨の中学校教師石川宏子のような先生も数多くいただろうが、「皇室には全く関心がなかったが、美智子さんとのご成婚で興味を持ち始めた」（岡山県　一六歳）という生徒を生み出すのに、一役かった教師も多かったのではないか。

「皇孫誕生」祝賀記帳と安保反対署名と

皇室ブームは、「ご成婚」で終わったわけではなかった。九月、早々と「皇太子妃御懐妊」が発表されると、「お妃記者」にかわって「お産記者」が大量発生した。新聞だけで一五〇人、テレビ・ラジオを加えると四〇〇人近くの記者がこのために動員されている。

予定日は一九六〇年三月二日。この日のために宮内庁は、二四〇万円をかけて宮内庁病院の産室を改造した。しかも分娩台の具合を確かめるために、若い妊婦をつれてきて出産の実験台にしたという。

彫刻家の朝倉摂は言う。「男と女が結婚して、女が一人の子供を生む。別に、何の不思議もないことです。それに、何百万円もかけて産室を改造すれば、どう転んでも、お産に危険はない。われわれの周囲にいるような、内職で疲れはてた母親が、栄養不良の子供を死ぬ思いで生むのとは、ワケが違うのです」(『女性自身』六〇年三月二日号)

この朝倉発言を含め、『女性自身』は、美智子の出産予定日三月二日を発行日とするこの号で特集を組み、「十一月二十七日(婚約)、四月十日(結婚)、三月二日——それぞれがわいた記念日になりそうです。でも、三度もつづくと〃またか〃と思いたくなりませんか。(略)どうも三月二日は、日本の〃反省の日〃となりそうです」としている。

さんざん煽り立てておいて、いまさら「反省の日」もないものだし、予定日より九日早い二月二三日出産となったため、この号は「皇孫誕生」の大騒ぎの中で発売されることになってしまった。

しかし現在、「紀子ブーム」をさかんに煽り立てている『女性自身』に比べれば、まだ当時のほうがマシだったとはいえる。

二月二三日夜一一時三〇分、美智子は用意の産室に入った。翌日の朝刊は各紙一面トップでこれを報じ、作家の田宮虎彦によれば、テレビは朝早くから四時すぎの誕生まで、「テレビをきらないでください、テレビをつけたままにしておいてください、何時、お生まれになるかわかりませんからと、アナウンサーは叫びつづけに叫びつづけておりました」(田宮「皇孫誕生」『婦人公論』六〇年四月号)。

私たちはこれを確かめるためにアンケートで尋ねてみた。結果は、この放送を聞いたという人が八人、一・八%で案外少なかった。しかしこのとき、全国のテレビは「ご成婚」時の二〇〇万台から、一挙に四一〇万台にまで増えていたから、何万という人が聞いたことになる。その結果誕生前から皇居前に女子高生の団体などがつめかけ、発表と同時に「万歳」の声が上がったという。

「お産記者」たちは、いっせいに「同じ時に生まれた赤ちゃん」の取材に病院に走った。共同通信の「お産記者」だった板垣まさるは、「出産直後の産婦のインタヴュウを命じられて取材した。産婦さんには迷惑なことだった」とアンケートに書いている。

その日夕方、銀座通りには日の丸が立ち並び、デパートの屋上からは「祝皇孫誕生」の垂幕が下がる。池袋のデパートは、「祝皇孫誕生」の吹き流しをつけたヘリコプターを飛ばし、「安保反対」の署名集めのかたわらで、祝賀記帳が始まった。アンケートには、「デパートの店内放送で知った」、

「電光掲示板で見た」（ともに東京）等々の声があるが、旅行で京都にいた森部聰子によると「街宣車が誕生のニュースを宣伝してまわっていた」。

もちろんそれは、ただ皇太子に子供が生まれたというだけでなく、男子が生まれたからである。美智子の母校である聖心女子大出身者は、この日、「『プリンセス美智子がプリンスをお生みになった』とアメリカ人の学長（シスター）が叫びながら図書室に入って来た」と書いている。もし生まれたのが「プリンセス」であったら、学長の興奮の度合はずっと低かったにちがいない。この人によれば、聖心女子大では、卒業生から「プリンセス」がでたことで「内外ともに大さわぎだった。内心、誇らしく思ったものだ。大学のPRのためにTVどりにでたのを覚えている」。

このとき、そこにある女性差別を問題にした人はほとんどいなかったようだ。アンケートからは逆に、「第一子から男子でよかった」「これで美智子さんも安心だ」と、わがことのように喜んだ当時の女性の姿が浮かんでくる。年配の女性は、かつて女ばかりのあと五人目にやっと明仁を生んだ皇后（当時）に引きくらべ、美智子の幸運を喜んでいる。男子を生まない妻の辛さを実感していたからだろう。しかしそこからは、「腹は一時の借り物」「男子を生むための道具」という女性差別の極をいく天皇制に対する批判は出てこない。

そして、生まれた浩宮を「手元で育てたい」というあたりまえ至極のことが、またもや「新しい皇室」「皇室の民主化」としてマスコミにもてはやされた。その一方では、浩宮の命名式の二月二九日、NHKの人気番組「私の秘密」に陸海空自衛隊の軍楽隊が登場し、命名を祝って勇ましいマーチを演奏したという（野上弥生子『日記』六〇年二月二九日）。野上はこれについて「小さいあかんぼうにす（ママ）陸海空軍が結びつけられるのは、結局大元帥のイメージが復活することになる。おそろしい事かな」と嘆いている。

アンポもミッチーには歯が立たなかった

このとき国会では、新安保条約の批准をめぐって与野党が激しい論戦を展開していた。三池では、一万二〇〇〇人の解雇通知をめぐって刻々と情勢は緊迫の度を加えており、三月にはいって、血みどろの闘争が展開される。そして五月一九日から二〇日にかけての強行採決をきっかけに、「アンポ　ハンタイ」を叫ぶデモの渦が連日国会を取り巻くことになる。

岸首相が衆院での安保採決を強行したのは、六月一九日に来日が予定されていたアイゼンハワー米大統領へのプレゼントをねらってのことだったが、もう一つのプレゼントは、天皇の羽田出迎えであった。東大生樺美智子が警官隊との衝突で死亡するという六・一五事件によってこれは実現されなかったが、じつは私は愚かにも、もしこのとき天皇が、大衆的な反対を押し切っての安保改定、つまり日米軍事同盟強化の最終仕上げのために羽田に行っていたら、非政治的で「平和と民主主義」ムードに包まれた天皇制が、じつはいかに政治的で反平和的なものか、多くの国民に明らかになったのではないかと思っていた。だから、六・一五の全学連国会突入は、まちがっていたのではないかと。

しかしアンケートには、私の思いもよらなかった意見が書き記されていた。もちろん天皇のアイク出迎えについて、「アメリカの世界戦略に組み込まれる象徴でしょう。それとも戦犯を免除してもらった感謝でも言うつもりかと思いました」(三一歳　教師)という意見もあったが、「天皇が羽田まで出迎えられるようになってしまった」、「マッカーサー元帥のところに出かけられたのだからと、不思議に思いませんでした」というように、敗戦直後の天皇のマッカーサー訪問と重ね合わせ、かえって屈辱的な立場にたつ天皇に同情する声のほうが多かったのだ。

ナルホド、そうだったのか。「安保」も天皇制には、まるで歯が立たなかった。安保闘争の「平和を守れ」「民主主義を守れ」は、ミッチーブームによっていっそう強固なものになった「平和的・民主的」天皇制と、なんの矛盾もなく共存できたのだ。

だとすれば、ミッチーブームに無関心だった私にも責任があるのだろう。ミッチーブームは、戦前の、ことごとに無関心でいることが許されなかった天皇制のイメージを大衆的に払拭し、一見、無関心でいようと思えばいられる「衛生無害」な天皇制イメージを定着させた。それがじつは「衛生無害」どころではないことは、つい最近の昭和天皇死去をめぐる状況を見てもわかる。ミッチーブームなんてミーハーのすること、と侮り、安保のデモの渦に酔っていた私も、「衛生無害」な天皇制の支え手の一人だったのだろう。

安保闘争に積極的に関わった中国研究者の石田米子は、「皇室ブームの持つ意味についてあまりよく考えていなかったと思う。バカバカしいと舌打ちし、中国人や朝鮮人がどういう思いでこういう現象を見ているだろうと思ってカッと熱くなるものがあったが、日本の思想状況、自分たちの意識にとってどうかということでは、あまり重視していたとはいえない」と書いている。

しかし、ミッチーブームにあたって、中国人や朝鮮人に思いを馳せた日本人は、非常に少なかったろうと思う。私自身も、「安保」を「アジア」につなげて問題にしても、ミッチーブームをアジアの視点から見ることはなかった。豊中の平岡弘子は、「天皇制について友人たちと懸命に討論したことを覚えています、私は〝象徴〟ということがまったくしっくりしないので、皇室の人間は皆ひとりの国民になるべきだと言ったら、在日朝鮮人の友人が、『死刑だ』と発言したので、別に殺さなくてもと思いましたが、今思うとその友人の言葉の意味が何も分かっていなかったのです」と書いている。

当時フリーライターだった夏堀寿緒は、日本人の「個の確立のなさ」を指摘し、「日本人は羊の群よりもひどい」と言う。そして「敗戦の時、皇室をなくし大統領制にすべきであった。生きている間くやまれること」と書いている。もう、取り返しがつかないということだろうか。

注

（1）女たちの現在を問う会では、「女たちの60年安保」を特集するにあたって、一九六〇年前後についてアンケート調査を行った。対象は五九年当時一五歳以上だった日本人女性一一二二人（回答四四七人）。その中にミッチーブーム関連の質問項目も入れた。
（『銃後史ノート戦後篇5　女たちの60年安保』インパクト出版会、一九九〇年六月）

カエルは水から煮られるか

ポスト高度成長と可視化する天皇制

みえない天皇制

一九五〇年代後半、いわゆる「高度成長」の開始とともに、天皇制は新たな装いのもとに国民の前に姿をあらわした。

高度成長によって飛躍的に促進される産業構造の高度化は、一次産業から二次産業へ、さらに三次産業へと労働人口の移動をもたらし、必然的に都市人口が増大する。職を求めて都会に出た若者は、都市で結婚し、近郊に林立しはじめた団地の一室で新婚生活を開始する。そこには農村の共同体と「家」の桎梏《しっこく》はない。若い主婦は、姑の顔色をうかがう必要もなく、思うままに〈わが城〉をデザインし、三種の神器といわれたテレビ、冷蔵庫、洗たく機等を月賦で買いこむ。

高度成長はまた、情報化社会の到来でもあったから、テレビや次々と創刊される週刊誌等のマスメディアを通じて伝えられる商品情報は果てしなく購買欲をかきたて、またマスメディアを通じて与えられる〈新しい家庭〉イメージは、モノでふくれ上がった二人の城に〈愛〉のスパイスをふりかける。

男たちにとっても、それはけっして悪いことではなかった。朝から晩まで野良仕事と家事に追われ、妻であるよりはまず「嫁」でなければならなかった田舎の母親を思うにつけ、わが妻が農作業や家事から解放されて、身ぎれいにして食卓を整え、ひたすら自分の帰りを待っているのは悪くないものだ。「お隣が買ったから……」と妻に高い電化製品をねだられると、少々無理しても買う気になる。

こうして輩出される核家庭のあいだに、便利で清潔で豊かで、〈愛〉に満ちたマイホーム、その充実こそが人生の喜びであり生きがいだ——というマイホーム主義がひろがる。

マイホーム主義は資本にとっても、けっしてマイナスではなかった。会社への忠誠心は少々損なわれても、私的空間充実のために月賦に追われる労働者は、組合活動だの「革命」だのとよけいなことを考えずにせっせとよく働く。また輩出される核家庭の物質的充実は、大量生産される商品と情報の市場拡大を意味したし、家庭電化製品の普及による家事の省力化は、主婦の余力を安いパート労働として使う可能性をもひらいた。

マイホーム主義は、大量生産、大量消費の「使い捨て」文化、「情報化社会」とセットになって、資本の主導により生みだされたといえる。

こうしたマイホーム主義者たちにとって、天皇を「現人神」「大元帥陛下」として畏怖した体験はほとんどないし、親たちの中にいまだにある天皇への「御祖」としての敬愛は、「滅私奉公」観念同様、理解しがたいものとしてある。

敗戦直後、親たち世代の天皇への敬愛に依拠して生きのびた天皇制は、こうした世代が社会人として大量化する六〇年代、新しい装いをこらして彼らにアピールをはかる。つまり、マイホーム天皇制である。

その主役は、皇太子及びその核家族であった。一九五九年四月、皇太子は日清製粉社長正田英三郎の長女美智子と結婚した。その華麗な結婚式の模様は、急速に普及したテレビにのって、全国一五〇〇万の国民の目にするところとなった。というよりは、この結婚式がテレビ普及を促したといえる。その日「妃殿下」となる正田美智子が、これまでの皇室の慣例を破って「平民」の出であり、しかも「恋愛結婚」であったからである。

そこには、封建主義からの解放、〈愛〉、そして豊かさ——というマイホーム主義の要件が、もっとも理想的なかたちですべて備わっていた。翌六〇年、安保闘争の高まりのなかで生まれた皇孫浩宮は、これまた皇室の慣例を破って「御両親のお膝元で育てられ」、皇太子一家のマイホームイメージは定着する。以後彼らの動向は、おりからの女性週刊誌ブームにのって、というよりはそれをつくり出しつつ、逐一民衆につたえられることになる。

ここでは天皇は、そうした皇太子一家をあたたかく見守る「おやさしいおじいさま」として後景にしりぞいている。世論調査によれば、「天皇制」は戦後ほぼ一貫して八〇％以上の支持率を得ているが、六〇年代以降、それまでの、一家に家長が必要なように国にも中心となる長がいた方がよいといった「家制度」的発想による支持（五六年「家族制度に関する意識調査」等）は減って、天皇は「衛生無害」、いなくてもいいがいてもよいといった認識が、戦後世代のなかに定着していく。〈みえない天皇制〉の成立である。

しかしこうした民衆意識の中の天皇制のソフト化とうらはらに、この時期、天皇のあらたな「権威」化への動きは、着々と進行している。

政府は、正田美智子を「平民」として国民に売りこみながら、皇太子妃となったとたん、勲一等宝冠章を贈った。妃殿下となったからには、もはやただの「平民」とはちがうということだろう。

青森市の小学校六年生の文集には、これについての子どもたちの感想が記されている。「どうして勲章をやるのか。皇太子さまのおくさんになったからなのか。あんまりもんくもいえないけど、なんにもはたらかないのにもらうなんて。わたしはあまりさんせいではない」という批判もあるが、大方の子どもの反応は肯定的である。その肯定のしかたが面白い。

「すごい勲一等。ぼくももらいたい。ぼくが皇太子ならいいんだけど。ぼくもはやく大金持になりたい」

「勲一等宝冠章っていくらするもんだろう。きっとうんとたかいものだろう。でもそんなものをもらっても、ただしまっておくんだろうと思う。たかいお金をだしてかうなら、もっとやくにたつものをかえばいい」（青森市古川小学校六年三組文集「とびまる」より）

ここには、戦後に生まれ、戦後の価値観の中で育った子どもたちの現実的な考え方があらわれている。彼らは、皇太子にも勲一等にも超越的な価値は認めていない。「ぼくが皇太子ならいいんだけど」という願望は「はやく大金持になりたい」に直結し、「勲一等宝冠章」は、その値段にだけ関心がある。

しかし天皇については、彼らの現実的判断も混乱する。「象徴」とは、「国の中心」ということか、それともたんなる「かざり」か。

「天皇はかざりじゃないかと思う。日本の国はきたないから、天皇とか皇太子とかかざってよその国よりまけねきがっているんでねべか（まけまいとしているんじゃないでしょうか）」

という「かざり」説に対し、「中心」説は、次の男の子の発言に代表される。

「天皇は国の中心だと思う。けっこん式の時みんないわいをしたり、はた行列や、ちょうちん行列などをやる。それに朝早くからテレビ、ラジオ、映画などでみんなみている。政府からはすごいおくりものをする。ふつうの人は、けっこん式をやってもみんなさわがない。だから天皇は国の中心だと思う」

この発言は、子どもの眼に「権威」がいかにしてつくられるかをよく示している。天皇は「国の中心」である、だから「みんながさわぐ」ではなくて、「みんながさわぐ」、だから「国の中心」という逆転した回路で、彼らは天皇を「権威」として認識する。エライからおじぎをするではなくて、みんながおじぎをするからエライのである。もともと「権威」というものは、そういう回路でつくられるものであろう。戦前の天皇制もそうだった。軍・官・民あげて天皇の前にひれ伏すことで、天皇の権威をいやが上にも高めたのだった。

しかし「民主主義」時代においては、そんな野暮なことはしない。畏《かしこ》みひれ伏すかわりに、さわぎたてもてはやし、その最高形態として、テレビ等のマスメディアで大げさにとり上げる。「テレビに出る」「新聞に載る」ということは、それだけですでに「権威」である。民衆のマスメディアに対する物神崇拝を利用しつつ、そこに豊かさ、民主的、愛といったマイホームイデオロギーを盛りこめば、天皇に直接言及しなくても、その権威を高めることができる。さきの子どもの発言にみられるように、皇太子の結婚についての報道は、結局、天皇の権威を高めることにつながっている。

したがって、天皇イメージのソフト化のかげで、六〇年代に入って皇室報道に対する規制はかえって強まっている。記者との接触は宮内庁記者団に限られ、皇室関係の写真は、事実上戦前同様「お貸し下げ」となる。その写真掲載にあたっても、いちいち細かな注文がつけられる。そして『風流夢譚』事件(1)、『思想の科学』事件(2)、「美智子さま」連載中止事件(3)……と、六〇年代初期に続発した右翼等の攻撃によって、マスコミの自主規制も強まっていく。

こうして「豊かさ」という幻影に満ちた六〇年代、〈みえない天皇制〉の権威は、幻影の媒体であるマスメディアを通じて、広く深く、静かに民衆の間に浸透していく。

そのためだろう、高度成長の極にあった六〇年代末から七〇年代はじめにかけて、それまでひたすら〈便利〉な新製品購入に熱中していた主婦たちのあいだに、『冠婚葬祭入門』(塩月弥生子)、『おヨメに行くとき読む本』(酒井美意子)、『女の子の躾け方』(浜尾実)といったハウツーものが爆発的な売れゆきを示した。

これは、マイホームをすでにモノでいっぱいにした民衆が、〈豊かさ〉のイメージとして具体的なモノではなくて、抽象的な「権威」を求めはじめたことを示す。「伝統への愛着と儀礼主義への傾斜と上流社会への憧憬」（井上輝子「マイホーム主義のシンボルとしての皇室」『女性と天皇制』所収）である。

これらの本は、伝統や儀礼主義への回帰を内容とすると同時に、その著者たちがいずれも「上流」出身であることを特徴とする。塩月弥生子は茶道裏千家家元千宗室長女、酒井美意子は元侯爵前田利為の長女で元伯爵酒井忠之の妻、浜尾実は、皇太子・浩宮等の養育係をつとめた元侍従である。いずれもきわめつきの「上流」といってよい。そして日本の場合、「上流」とは、結局皇室との距離の近さである。

主婦たちがそうした「上流」志向をマイホームの要件として持ちはじめるとき、さきにふれた高度成長開始直前の青森市の子どもたちのような、現実的な、ある意味では非常に健全な皇室認識はかげをひそめる。皇太子は「大金持」とは質的にちがう権威を帯びはじめ、「勲一等宝冠章」は、その値段にかかわりなく、権威あるものとなっていく。

国中にモノをあふれかえらせた高度成長は、その結果として逆に、抽象的権威に対する憧れを民衆のあいだに生んだのだった。

可視化する新天皇制

一九七三年の「石油ショック」以後、日本は一転して「不況」「低成長」時代に入る。それとともに天皇制も、あらたな段階に突入する。〈みえない天皇制〉から〈みえる天皇制〉への変化である。

国際的不況のなかで「エコノミック・アニマル」日本への国際批判は高まり、国内においても、これまでのような、昨日よりは今日、今日よりは明日という「生活向上」の夢で民衆を「大日本株式会社」につなぎとめることはもはやできない。この内憂外患の時代において、その危機回避のために体制は、これまで〈みえない天皇制〉のなかで培ってきた天皇の権威を、直接利用することをはかる。

それはまず、皇室外交の活発化としてあらわれる。日本のエコノミック・アニマルぶりによって悪化した国際感情を柔らげるためには、一見「衛生無害」な天皇利用が得策であったし、国内民衆に天皇を権威としてはっきり認識させるためにも、まず対外的に天皇を日本国の代表、元首として押し出し、その国際的声価を迂回する方が、抵抗なく目的を達成できるからである。

したがって七一年の天皇訪欧にあたって、ヨーロッパ各地にあがった「ヒロヒト・ゴー」「ヒロヒットラー」の罵声は、国内ではほとんど報道されなかった。デンマークでは、日本の若者が国際連帯のもとに、痛快無比の「天皇クソ作戦」を展開したが、当時国内の民衆は知ることができなかった。

これは、こともあろうに糞尿を、こともあろうにコンドームにつめて、天皇に「ペチャリと」投げつけようというものである。あつい警備に阻まれて成功しなかったとはいえ、天皇などは殺すにも価しない、クソのクソのクソだ——というもっともラジカルな思想がここにはある（「コペンハーゲン天尿組始末」『天皇アンソロジー1　パルチザン伝説・コペンハーゲン天尿組始末他』所収）。

以後、七四年秋アメリカのフォード大統領来日、七五年春イギリスのエリザベス女王来日、そして秋、アメリカ訪問……と、矢継早に皇室外交が展開される。そのたびに、豪華けんらんたる晩さん会の模様がテレビに映し出され、天皇の「親善外交」の功が讃えられる。

七五年の訪米後、『朝日新聞』「天声人語」は言う。

「ご訪米のハイライトはやはりホワイトハウスご到着とその晩さん会だったろうか。テレビ中継の視聴率は三〇％に達し、このため秋の新番組の影が薄くなってしまうという声も出たほどだった。やはり天皇は、日本における最大の俳優でいらっしゃる。あの素朴で、時として、見る者をはらはらさせるようなぎこちなさが、かえってご自分の善意をまっすぐ相手に伝えることになる。その誠実さが日本人全体の意志を文字通り『象徴』するものとして相手の胸にひびく。まさしくたくまざる名優と申し上げるべきかも知れない」（七五年一〇月一五日）

いささか「不敬」発言的なこの文章は、天皇の内外に対する利用価値を、かなり正確に述べたものといえよう。

皇室外交の展開とともに、マスコミの天皇に対する敬語もエスカレートする。もっとも象徴的なのは、外国元首と天皇に対する〈差別敬語〉である。

例えばエリザベス女王を迎えての宮中晩さん会の記事。

「まゆを少しあげたところを見ると、女王も冗談をいったのだろう。そしてにっこり笑う。次いで天皇に向かって、ひとこと。天皇も愉快そうに口をあけて笑われた」(『朝日』七五年五月八日傍点引用者)

また「ホワイトハウスの晩さん会で着席される皇后とエスコートするフォード大統領」(『東京』同一〇月三日　同)という写真キャプションもある。

ふつう日本では、身うちのものには敬語をつけないのが正しいとされている。にもかかわらず日本の新聞は、天皇には敬語をつけ、外国元首にはつけないという非常識をあえてしている。マスコミの外国元首に対する敬語は、まず君主制か民主制かで差別し(国王には敬語を使い、大統領には使わない)、ついで、君主国のなかでも大国か小国か、ヨーロッパ王室かアジア王室かで差別する。その上で、日本の皇室が最高位を占めるという構造になっている(清水英夫「マスコミと天皇制」『天皇制の法社会学』所収)。

こうしたかたちで「外」を迂回したうえで、国内民衆への直接的な天皇権威づけが開始される。叙勲、園遊会、さまざまな式典出席に加え、七五年一一月には「天皇在位五十年記念式典」が鳴物入りで挙行され、七〇年代後半には、天皇権威づけの制度化が、急ピッチで進められる。

七七年七月、文部省は新学習指導要領を発表し、「君が代」を「国歌」と規定。祝日等には、「国旗を掲揚し、国歌を斉唱させることが望ましい」とする。七九年六月、「元号法」制定。八〇年代に入り、文部省教科書検定において、「児童・生徒の天皇に対する敬愛の念を深めていくことが大切」との方針に基づき、天皇の「死」は「没」と表現せよ等の規制を強める。

カエルは水から煮られるか

しかし、こうした動きにもかかわらず、世論調査にみる限り、七〇年代から八〇年代にかけて民衆の天皇認識がとりたてて権威化した事実はない。それどころか若い世代の間には、ますます「無関心」派がふえているという(「風化の内側に漂う柔らかい『支持』」『朝日ジャーナル』八四年五月四日号)。

しかしこんな言葉がある。

「いきなり煮立った湯の中にカエルを入れたら、カエルはびっくりして跳びだしてしまう。しかし水から入れて、ゆっくり熱を加えていけば、カエルはおとなしく煮られてしまう」。

これは、核の恐怖に慣らされていく民衆についてのカナダの物理学者のことばだが、天皇制についてもいえるのではないか。客観的にみれば、明らかに強化されているにもかかわらず、無自覚・無関心であるとすれば、水から煮られるカエルよろしく、慣らされてしまっているからではないか。

たとえば、昨年(一九八六年)と今年の浩宮の動向、その報道のちがいをみてみよう。

いまや浩宮は、老化著しい天皇や美貌を失った美智子妃にかわる新しい皇室のスターとして、マスコミにしょっちゅう登場している。とくに昨年は、オックスフォード留学でハクをつけて帰った彼が、いよいよ「お妃えらび」をするというので、マスコミはその一挙手一投足に目を光らせ、いちいち針小棒大に書きたてた。

柏原芳恵のコンサートに行ってバラを贈った、展覧会に行った、山に登った――。ついでに弟の礼宮がヒゲを生やした、紀宮が運動会で踊ったなどというのもニュースになったが、そうした行動自体は、五五年体制の成立にあたって、にわかに活発化した若き皇太子や義宮、清宮などの外出パターンと同じである。

ちがうのは、五五年当時はいちいち新聞に書かれることもなかったそうした〈私事〉としての行動が、あたかも大事件であるかのようにニュースになり、しかも最高の敬語をつかって報道されるということだ。そして、その〈私事〉に費される公費は、確実に巨大化している。

二六歳のヒマとカネのある一人の若者が、趣味で山に登る――。これはまったくの私事であり、文句をつける筋合はない。ところがそれが浩宮となると、そのヒマとカネの出所の問題があるうえに、次のような過剰警備による民衆の自由抑圧と、税金のムダ使いが行なわれているのだ。

「そこでの警備をみると、前日、地元県警十数人が頂上まで登り、上で待つ。当日は浩宮の前を、見え隠れする程度の距離で、皇宮警察の護衛官が二、三人、そのあと浩宮を先頭にして、県警、皇宮警察二〇人ほどを入れた約四〇人が続く。記者団、林野庁(国有林という理由で)、地元役場も入る。後衛は一〇人ほどで、中に二人のレスキュー隊員がいた。地元県警による事前調査は、三回なされたという」（高橋紘『象徴天皇制』）

これは昨年一〇月、新潟県平が岳登山の場合だが、彼の道楽としての登山には、つねにこうした大名行列がつきまとっているのだ。それにどれほどの国民の税金が使われていることか。この税金のムダ使いを目にしながら、浩宮は、「日本の百名山を踏破したい」などと語り、今年八月、三〇名山を踏破したという。

浩宮にかぎらず、写真入りで報道される天皇一族のさまざまな趣味道楽行動の背後には、こうした過剰警備によるぼう大な税金のムダ使いが堆積されている上に、民衆の交通の自由の抑圧や、「過激派対策」なる人権侵害がまかり通っている。

にもかかわらず、マスコミはそれを最大敬語で報道し、大方の読者もまた、何の違和感もなく読み流している。つまり、水から煮られるカエルよろしく、一見非政治的非権威的、私事情報のたれ流しのなかで、すでにかなりの程度に日本国民は、天皇の権威を既成事実として受け入れてしまっているということだ。

なぜなら――個人としてみれば何の変哲もない若者である浩宮や礼宮の私事的行動が、いちいち大新聞のニュースになるということ、それは彼らが、天皇の孫であるというその一点においてだからだ。展覧会に行ったのヒゲを生やしたのと、ふつうならハナもひっかけない個人的些事を、わざわざ写真入りで大新聞が報道する――。それはマスメディアが、天皇の権威の前に拝跪していることを示すものであり、またそれを、無言のうちに読者に強制しているということだ。

しかし最近の浩宮の動きとその報道は、こうした無言の強制のレベルを越えた。

ここに、今年（一九八七年）の浩宮に関する新聞報道から、彼の行動をたどってみる。

2月19日　長野県で開かれる冬期国体スキー大会開会式出席

3月6日　ネパール・ブータン・インド三国訪問を前にして記者会見

3月10日　三国訪問旅行に出発。途中11日タイに立寄り、タイ皇族を表敬訪問。25日まで三国歴訪

4月29日　ネパール等三国訪問写真展を日本橋高島屋で開催

5月24日　俊友会管弦楽団定期演奏会でビオラのソロ演奏（皇族で初めて）

7月8日　三笠宮寛仁とともに日本山岳会会員に推挙される（皇族初）

7月9日　ラファエル前派とオックスフォード展参観（新宿伊勢丹美術館）

7月11日　非行少年更生のためのBBS運動大会に出席し、おことば（日本青年館）

7月25日　「国際青年の村'87」開村式出席（大阪コクサイホテル）

8月4日　日本学術会議水資源シンポジウムで学術講演

8月10日　南アルプス登山。13日帰京

そして九月一九日、沖縄で開かれる海邦国体夏期大会開会式に出席し、一一月には西ドイツを訪問するという。

今年の浩宮の行動をざっとたどってみて、すぐ気がつくのは、「国際親善」のための公式行事、つまり皇室外交役割の著しい増加と、〈私事〉の権威づけである。とくに後者は、天皇制強化の動

きがあらたな段階に入ったことを示すものとして重要だ。

昨年までは、タテマエとしては個人的趣味、〈私事〉であった登山、写真、ビオラ、それにテムズ川水上交通の研究が、今年は、日本山岳会会員としてのそれとなり、演奏会での独奏となり、写真展開催となり、学術講演となる、という具合に、きわめて権威あるものとして演出されている。

これは、〈文化〉による天皇制の権威づけが、あからさまに行なわれはじめたということだ。逆にいえば、天皇制による〈文化〉の支配・収奪が、あからさまに開始されたということだ。

かつて、浩宮の父皇太子は、学習院在学中の一九五三年、イギリスのエリザベス女王戴冠式出席のため外遊し、出席日数不足で進級不可、聴講生になった。もちろんこれは当り前しごくのことで、評価すべきことではまったくない。しかし、浩宮の「学術講演」なるものにさかんな拍手を送る現在の学者たちよりは、当時の学習院の教授たちの方が、よほど健全であったとはいえるだろう。

芸術的にすぐれていようがいまいが、学問的に意味があろうがなかろうが、皇族だから、浩宮だからとスンナリ写真展や演奏会、講演会が開かれる――。これはまさに天皇制による〈文化〉の収奪だ。

そして、天皇制の政治力とは、文化支配力にほかならない。日本の歴史のなかで天皇が直接政治を担った時期は、ごくわずかだが、にもかかわらず、政治に対する影響力をもち続けたのは、その文化的支配力による。

天皇制によって日本の文化が支配されるということ、それは日本民衆の精神と感性が天皇に統合支配されるということだ。何を正しいとし、何を美しいと感じるか。この真善美の基準を天皇にあずけるということだ。そうなったとき天皇制は、〈文化〉の顔をしたまま、大きな政治力を民衆に対してふるうことができる。

今年の浩宮の動きは、そういう時代に向かっての歯車が、いちだんと加速されたことをうかがわせる。

注

（1）『中央公論』一九六〇年一二月号掲載の深沢七郎作「風流夢譚」に対し、「皇室を侮辱する」として右翼が抗議。六一年二月中央公論社社長宅に押しかけた右翼少年が社長夫人とお手伝いさんを殺傷した事件。（中村智子『「風流夢譚」事件以後』〈田畑書店〉、京谷秀夫『一九六一年冬』〈晩聲社〉参照）

（2）一九六一年一二月、雑誌『思想の科学』の「天皇制」特集号を、当時発売元であった中央公論社が右翼の攻撃を恐れて発売寸前に断裁処分。言論機関の天皇制問題自主規制を象徴する事件として注目を集めた。

（3）一九六二年、宮内庁の要請により『平凡』連載中の小山いと子「美智子さま」が連載中止となった事件。

（原題「民衆意識における天皇制・国家」（後半）と「カエルは水から煮られるか」（後半））

天皇在位六十年

一〇万円金貨と皇太子のパンツ

「女性と天王星」!?

先日関西の友人から電話があって、おもしろい話を聞いた。

彼は、たまたまなにかの図書目録を見ていて、わたしの編著『女性と天皇制』（思想の科学社、一九七九年）をみつけた。早速在庫の有無をたしかめようと、大阪で一、二というA書店に電話したところ、応対に出た若い女性店員は、書名を聞いて、「占いの本ですか」と聞き返したというのだ。

これはおもしろい。すごくおもしろい。たぶんその女性店員は、水瓶座生まれなんじゃないだろうか。だからきっと『女性とテンノーセイ』と聞いて、とっさに『女性と天王星』を思い浮かべ、星占いの本だと思ったのだ。

最近、女性雑誌の皇室報道が気になって、『女性自身』だの、『週刊女性』だの、あれこれひっくりかえしてみたが、そうした女性週刊誌には、毎号必ず占いのページがある。占いといってもいろいろあるけれど、いちばん多いのは星占い。それに血液型を組み合わせたものや、「バースデイ・

トライアングル」と称して生年月日の数字を足して座標軸に記入し、三角形を描かせたりする手のこんだものもある。

『女性自身』の「今週の星占い」によれば、水瓶座(一月二一日〜二月一八日生まれ)の主星は天王星なのだそうだ。「トラブルの火星は障害の座。愛の金星も暗影だが、主星の天王星や希望の太陽・水星が吉影。お楽しみ運は後退するが、頭脳的仕事はツキツキ運。……ラブは年上に愛されたり困惑運。……」

これが水瓶座生まれの人の一九八六年九月二六日(金)から一〇月二日(木)までの運勢。「障害の座」だの「暗影」だのと、星占いもなかなかむずかしい。

『週刊女性』等には、こうした「今週の星占い」的ページの他に「運勢劇画」と銘うった連載マンガも載っている。きっと若い女性は、すごく占い好きなんだろう。女性雑誌に限らず、最近はサラリーマン向けの新聞社系週刊誌にも占いのページが登場しているから、一億総占い好きなのかもしれない。

女性週刊誌の皇室報道・今昔

それはともかく、そうした女性雑誌の発行部数たるやすごいものだ。『non-no』一二〇万部、『女性自身』九〇万部、そのあとに、七〇万部、六〇万部、四〇万部といった週刊誌がぞろぞろつづく。これが毎週出ているわけだ。その他に旬刊、半月刊、月刊のものを加えると、毎月二、三〇〇〇万部の雑誌が女性対象に発行されているのではないか。その上、『女性自身』や『週刊女性』等は、銀行、美容院等人の集まるところには必ず置かれているから、読者の数はさらにふえる。

そうした読者たちは、天王星は知っていても、「天皇制なんて知らないヨ」というだろう。しかし、「天皇さま」「天皇陛下」なら彼女たちは知っている。「浩宮さま」は、もっとよく知っている。女性雑誌には、しょっちゅう彼らの動勢がとりあげられているからだ。

SAY, LEE, Can Can, ViVi といった横文字タイトルの雑誌にはそれほど見かけないけれど、『女性自身』や『週刊女性』等オールドファッションの週刊誌には、毎号必ず占いとともに皇室情報が載っている。とくに『女性自身』には、「皇室連載」と銘うったページが設けられていて、昨年（一九八五年）は、「昭和六十年」を記念して一月から「御素顔の皇后さま」、そのあと「美智子さま美しさの秘密」、今年八六年二月からは、「浩宮さま結婚への道」が、延々と連載されている。今年はとくに、「天皇在位六十年」、皇太子の長男浩宮の結婚問題、ダイアナ来日による皇室外交の活発化等があって、皇室報道はいっそうエスカレートしているようだ。

『女性自身』や『週刊女性』は、もともと五〇年代末のミッチーブーム（日清製粉社長正田英三郎の長女美智子〈ミッチー〉が皇太子妃に選ばれたことに伴うフィーバー）とともに創刊され、それを利用しつつ部数を伸ばしたのだったから、皇室報道を売りものにするのは当り前、ちっとも驚かない――と思ったら、これがちがうのだ。

最近の両誌における浩宮「お妃さがし」報道の過熱ぶりにヘキエキして、御苦労にもわたしは、父皇太子の「お妃さがし」からミッチーブームに至る間の両誌をひっくり返して皇室報道を読みくらべてみた。そしてあらためて、この二十数年間における天皇制の浮上ぶりに愕然とした。

現在にくらべると、当時の皇室報道なんてしれたものだ。「ミッチーブーム」といったって、誌面にみるかぎり「ブーム」の名にも価しない。

まず現在にくらべて、量が圧倒的に少ない。『週刊女性』の創刊は一九五七年二月、皇太子の婚約発表は五八年一一月二七日だから、現在の浩宮のように「お妃さがし」の最中である。しかし現在の『週刊女性』のように毎号なんてとんでもない、せいぜい一ヵ月に一度関連記事があるかなしだ。五八年七月には、皇太子妃問題への報道規制がしかれたから当然として、それ以前においてもそうなのだ。

『女性自身』は五八年一二月一二日号が創刊号だから、皇太子妃決定の発表直後、まさにミッチーブームとともに誕生したわけだが、翌五九年四月一〇日の「御成婚」までの一七号分のなかには、年ごろの弟義宮・妹清宮の記事を合わせても、細かいコラムを含め九本しか皇室報道はない。

それ以上にちがうのは〈質〉の問題だ。まず驚いたのは敬語の使い方。

「起床ベルは、朝七時半に鳴る。朝に弱いかれにとっては、七時半に起きるのはねむたかったが、目をこすりながら起きた。（略）アルコールの方は、大学のときから年季がはいっていて、多少はイケる。彼はおもむろにジョッキをからにした」

「初めてのご公職とあって、ちょっぴり緊張の宮さまは、『鳥類の研究保護のため少しでもお役に立てれば』と抱負を。そのあとのパーティーではリラックスして、お酒をめしあがるお姿も」

前の文章は『女性自身』五九年四月一〇日号「義宮この楽しきプリンス」の一部。「かれ」というのはもちろん天皇の次男義宮（現常陸宮）である。当時彼は二三歳、皇太子に次ぐ第二位の皇位継承者であったが、「かれ」「義宮」と呼ばれ、敬語はまったく使われていない。

それに対して後の文章は、同じ『女性自身』の今年八六年六月二四日号。皇太子の次男礼宮の山階鳥類研究所総裁就任を報ずる写真のキャプションである。皇位継承順位は、皇太子、浩宮に次ぐ第三位だが、その礼宮に対しては「宮さま」であり、「ご公職」であり「お酒をめしあがるお姿」なのだ。そもそも義宮の時代には、皇族とはいえ、二〇歳になったばかりの学生が「ご公職」に就くことなどなかった。

天皇・皇后・皇太子に対してはかつても敬語を使っている（ただし、タイトルは「皇太子さま」、、ではなくて「皇太子」が多い）が、その内容は、現在からみるとかなり「不敬」である。

「パンツは、スソ口のところをゴムバンドでとめるようになっているが、ナカナカ締めぐあいがむずかしく、注文を受けた某店では、半年がかりでも、どうもお気に入りのものができず……」

「ものすごくチョコレート好きな天皇さまは、菓子屋で売っているいちばん大きな板チョコを包装紙をむくなり、ムシャムシャやられるとのことだが……」

この二つの文章はいずれも『週刊女性』一九五八年一月五日号「ことしこそ晴れて日本一の花婿——皇太子のすべて」からの引用。パンツの話は、皇太子がパンツまで特別注文するオシャレだということを言っているのだが、スソをゴムで止めた男のパンツなんて、想像するとおかしい。当時は真中のわれたブリーフなどなかったから、さぞやご不便であらせられるのでは、と、女性読者はクスクス笑って読んだのではないか。

現在の『週刊女性』の皇室報道には、パンツはおろか下着の話などまったく出てこない。『週刊女性』にかぎらず、いわゆるマスコミはすべてそうだ。

天皇が特大の板チョコを、「ムシャムシャ」丸かじりするというのも、現在では考えられないことだ。天皇だけでなく皇室の皆サマはすべて上品に「お召し上がりになる」だけである。

ただし、イギリス王室については、かつてのような「不敬」表現がしばしばある。ダイアナ妃の美しさが口をきわめて讃えられる一方、スカートが風にまくれ上がって下着が見えたり、チャールズ皇太子がダイアナ妃の深い胸の切れこみをのぞきこんでいるような写真が、面白おかしく掲載されている。イギリス王室など、日本の皇室に比べれば、及びもつかない下賎なもの、といわんばかりだ。

大成功の「天皇在位六十年」

皇族である限り、つねに清く正しく美しく、思いやりにあふれ、パンツもはかず排泄もせず——といった現在の皇室報道のあり方は、本質的には戦前の「現人神」天皇時代の皇室報道と同じである。昭和一〇年代の子どもたちのなかには、「天皇ヘーカ」はウンチなどしない、しても金のウンチをすると本気で思いこんでいた子もいたと聞く。つねに「竜顔麗しく」といった人間ばなれした天皇像しか与えられなかったからだろう。

しかし、皇室報道の〈戦前回帰〉は、なにもいまに始まったことではない。マスコミの皇室報道に対する自主規制は、ミッチーブームの直後からはじまっている。しかしだからといって戦前のような天皇崇拝や〈天皇神聖〉の念が、民衆のあいだに形成されているようには思えない。女性週刊誌の皇室記事にしても、聖子チャンの妊娠出産やら森昌子の結婚やら、岡田有希子の幽霊騒動やらのゴシップ記事同様、一時のひまつぶしのための消耗品として読み捨てられる運命にある。

今年は「天皇在位六十年」が、官民あげて祝われた。「日本を守る国民会議」等民間団体による奉祝行事は昨年から行なわれていたが、政府主催の奉祝式典は、四月二九日の天皇誕生日、国技館に六〇〇〇人を集めて開かれた。それとはべつに、当日八万一〇〇〇人の民衆が皇居の一般参賀につめかけている。また一一月一〇日の裕仁即位の日には、銀座で二万人の奉祝パレードが予定されているが、京都はじめ各地でも自治体主催による奉祝行事が行なわれることになっている。

これはたしかに、日本の歴史はじまって以来の出来事だ。短命の父をもった長命の天皇、その死による以外天皇交替はないとする法律、積極的にかどうかはともかく天皇の権威を受容する国民、そしてその権威をさらに強化しようとはかる政治勢力――。これらが相まってはじめて「天皇在位六十年」祝賀イベントは可能になったわけだが、これを記念して空前の一〇万円の記念金貨が発行されたのは、その〈空前〉性をさらに盛り上げることになった。

一〇月下旬の記念金貨抽選券交付にあたっては、案の定ケガ人まで出る大騒ぎが起こった。わが家の近くの銀行や郵便局でも、朝八時すぎにはもう抽選券を求める人びとが長蛇の列をなしていた。

しかしそうした人びとの関心は、「天皇在位六十年」よりは、「金貨」の方にあったようにみえる。また「天皇在位六十年」奉祝行事によっても、人びとの天皇に対する意識が大きく変わったようには思えない。だとすれば、「天皇在位六十年」は、仕掛けた側の意図とちがい、まったくの失敗に終わったのだろうか。

そんなことはない。逆に思うツボの大成功といえるのではないか。なぜならば、「天皇在位六十年」は、もちろん天皇制強化へ向けての跳躍台だが、それは戦前のような〈天皇神聖〉観や、直接的な政治権力として天皇制を復活させることではないからだ。国民が天皇の〈権威〉を無意識のうちに受け入れること、そしてとくに意識することなく、その権威強化の下支えをすること。それによって結果として、国家の民衆に対する統合力が強化され、厳しい国際環境における国家の選択に、国民が異を唱えないようになること――。「天皇在位六十年」がそのためのスプリング・ボードになればさしあたり万々歳、ということだろう。

それでいえば、女性週刊誌のゴシップ的皇室報道や記念金貨フィーバーは、そのねらいにピタリとはまるものだ。

『女性自身』や『週刊女性』等の読者が、毎号最大の敬語で飾りたてられている皇室報道に、何の違和感も抱かず読みとばしているとすれば、そのこと自体、すでに天皇の権威を認めているということだ。なぜならば――。

犯罪や大事件の関係者はべつとして、ふつうの人がマスコミに大きな写真入りでとり上げられるということは大変なことだ。それだけで〈権威〉であり、〈英雄〉である。たまたま抽選に当ってテレビのクイズ番組に出た子どもは、学校中の羨望と憧れの的になる。

子どもだけではない。先ごろ高校の同窓会に出たところ、同窓生中の出世頭として拍手を浴びたのは、高校時代はまったく目立たず卒業後は板前になった男だった。最近彼が、民放の料理番組に顔を出しているからだ。

彼がテレビに出演するようになった背景には、たぶん苦しい板前修行や人間修行があったはずで、現在の彼には料理の腕だけではない人間的魅力がある。これに目をつけたテレビ局はさすが、と思ったが、皇室の連中がマスコミに登場するのは、そうした個人的魅力や能力によるものではない。浩宮にしろその妹の紀宮にしろ、個人としてはとりたてて特色もない若者の、とりたてて変哲もない行為――山に登ったの、展覧会に行ったの、運動会で踊ったの――が、いちいち写真入りで報じられるのは、つまり彼らが天皇の孫だからだ。

天皇の孫だから、一族だから、べつに面白くも何ともない日常の行為が大々的に報じられる――しかも最大の敬語に飾られて――のを読者が当然とするならば、それは天皇の権威を無意識のうちに受け入れているからだ。

聖子チャンや百恵チャンの記事同様、読み捨てられてもかまわないのだ。最大級の敬語で飾りたてて皇室記事を毎号載せること、それに読者が違和感を持たないようになること、その結果、皇室を話題にするときは無意識のうちに敬語が口をついて出るようになれば、――天皇の権威の拡大再生産は可能になる。

「天皇在位六十年」記念金貨フィーバーだってそうだ。これはかなり慎重に練られた演出の成果だといえる。

記念金貨発行決定は昨年八月だが、額をいくらにするか、デザインをどうするか、発行数と売出しの方法は――と、慎重のうえにも慎重に検討されたが、とくにデザインについては、天皇の顔を浮彫りにする大蔵省原案に対して宮内庁や「日本を守る国民会議」の黛敏郎らからクレームがつき、昨年末急拠デザイン審議会が設置されてスッタモンダ、けっきょく平山郁夫画伯製作の水と鳩という抽象的なデザインに落ちついた。

大蔵省原案の〈天皇の顔〉に対する宮内庁等の反対の理由は、天皇の顔が国民の手垢にまみれたり地べたに転がされたりしては畏れ多いということだ。だからそうならないように、一〇万円という空前の高額にしたわけだが、それでもまだ心配だったのだろう。

発行数一〇〇〇万枚、抽選つきという手のこんだことをしたのも、もしも売れ残ったりしては畏れ多い、という配慮からだ。もともと発行元の大蔵省としては、昨夏のG5以後の円高状況、貿易黒字減らしと、財政赤字補てん（金の価値にすればせいぜい六万円たらずのものを一〇万円で売りだすのだから大蔵省は大もうけだ）という経済合理主義も大きかったから、二〇〇〇万、三〇〇〇万と発行したかったのだが、稀少価値による天皇の権威強化の方をとったわけだ。

そして思惑通り、抽選券発行にあたっては大騒ぎが起こっている。抽選券を求めて走りまわる人びとの関心がさしあたり「一〇万円の金貨」にあったとしても、それはそれでいいのだ。結果的には、「天皇在位六十年」は、燦然たる黄金の輝きを放ちながら〈金満症ニッポン〉の国民の懐に抱かれることになる。

もちろん一億二〇〇〇万人の国民のなかには、金貨さわぎにそっぽを向いたり、そもそも「天皇在位六十年」自体に反対の人も多い。戦中派のなかには、その「六十年」のうちの戦前二十年における天皇のあり方に批判的であり、一つながりの均質な時間の流れとして「天皇在位六十年」を祝うことに抵抗を感じている人も多い。しかしそうした人びとの声がマスメディアにのることはないし、金貨フィーバーを目のあたりにしては、隣近所で大ぴらに言うことさえはばかられる。まして、天皇の「戦争責任」や「象徴天皇制反対」なんて、とてもいえる空気ではない。

いまのところ戦前とちがって、それを言ったからといってただちに不敬罪でしょっぴかれることはない（ただし反天皇制集会・デモ等への規制は強化されている）けれども、眼にみえない圧迫がひしひしとつよまっている。

戦前の亡霊がぞろぞろと地の底からはいだしてきたのも、「天皇在位六十年」の結果だろう。昨年十一月、「日本を守る国民会議」主催による「天皇陛下御在位六十年奉祝国民の集い」において、埼玉大学助教授長谷川三千子は、「女性代表」として次のような天皇讃歌をうたい上げた。

「母親とは何かと申しましたならば、これは、子供をかなしむ存在である。（略）そういう母親のかなしみなど、とても及びもつかない広さと深さでもって、私共国民ひとりひとりを本当に深いところでかなしんで下さる方がいらっしゃる。私はそれが天皇陛下であらせられると思います」。これは、「大御心（天皇の心）＝母心」とする「母なる天皇制」讃歌だ。冒頭に記した『女性と天皇制』で私が問題にしたのはこの「母なる天皇制」であったが、それがいま、一九四六年生まれの戦無派女性によって再現されたのだ。これには仰天した。

この長谷川三千子の「母なる天皇制」批判はべつのところに書いたので（一五二ページ）、ここでは触れないが、最近またまた仰天したことがある。一九八六年一〇月二四日、明治記念館で「満鉄創業八十周年」が大々的に祝われた。

南満州鉄道株式会社、通称満鉄の創業は一九〇六年一一月、たしかに今年は八〇年目にあたる。しかし、ふつう「創業〇〇年」が祝われるのは、何らかのかたちでその企業が存続している場合ではないか。満鉄はすでに四一年前、日本敗戦によって解散消滅しているにもかかわらず、「創業八十年」が祝われ、記録映画「満鉄」まで製作されたのだ。そしてその映画たるや、ひたすら満鉄の「偉業」を讃え、大陸開発に尽くした満鉄職員の「血と汗」を顕彰しているという。

しかも製作責任者である満鉄会事務局長によれば、映画製作の意図は、たんに過去の満鉄の栄光を記録に残すだけでなく、その対外経営のノウハウを今後の日本に役立てるため、というのだ。亡霊たちの復活は侵略政策の大ぴらな復活でもあるのだ。それは「天皇在位六十年」によって、侵略戦争にあけくれた戦前二〇年が帳消しになったと踏んだためだろう。

天皇制は天王星とイコールだ

「天皇在位六十年」は、自覚的な天皇崇拝を長期的に国民のあいだに広げたとはいえないが、天皇の権威を当然とする眼にみえない空気を濃縮し、亡霊の大ぴらな徘徊をもたらしたといえるだろう。

天皇制なんて知らないよ、と言いながら週刊誌の皇室記事に眼を通し、占いのページをくって「今週の運勢」にふんふんとうなづき、そして空前の記念金貨発行と聞けば、なにはともあれ並んでみる――。こうしたフワフワした大衆状況に支えられて、天皇制は着実に点を稼いでいる。

たぶん一億占い好きと天皇制の強大化は一つのことなのだろう。自分をさらけだして他者との関係をとり結び、自らの行為を選びとっていく――そんなことはシンドいし、メンドくさい。それよりは血液型や星座でひとを腑分けし切り捨て、自分の行為の責任を天王星だの水星だのの位置のせいにする――。こうした意識のあり方と「天皇陛下万歳」は紙一重だ。

やっぱり天皇制と天王星は、イコールなのだ。

（原題「フワフワとした意識」『思想の科学』一九八六年一二月）

「昭和」の終焉

天皇ヘーカさんもお喜びになる

またしても、コーモリ傘の行列だった。

一九八九年二月二四日の「御大喪」当日、沿道に並んだ人は五七万人という。あの冷たい雨のなかを、五七万もの人が並んだとは、なんとまあ物好きな、と思っていたら、これで予想の半分だという。

一九二七年の大正天皇の葬儀のときは、二月七、八両日で一五〇万人といわれているから、それからいえば今回の五七万は少ない。しかし、テレビの「御大喪」特別番組の視聴率は六〇％以上。これを加えれば、膨大な数の人々が、直接間接に昭和天皇の葬儀を見守っていたことになる。

大正天皇のときは、その約一か月後の三月中旬に金融恐慌が起こり、「大学は出たけれど」の不況時代に突入することになるが、今回はどうだろうか。

冷たい雨がふきつける新宿御苑に居並ぶ一六四か国の代表をテレビで見ていると、「金満国家」日本の前途は洋々、五〇年前のスローガン「八紘一宇」の実現を目のあたりにするかのようだった。

これについて、ナチズムの戦争責任をいまなお自らに厳しく問うているドイツの新聞は、こんなふうに批判している。

「国際政治に弔問外交はつきものではあるが、それにしてもそこには、歴史意識とともに、口がすっぱくなるほど言い古された過去の克服という義務を明らかにするところの限度というものが必要であろう。（略）重要なことは、陳腐で危険なイデオロギーへのけばけばしい回帰のために、世界の高貴な聴衆を金という新しい権力で買収できるということだ」（L. Schwarzacher 記者『ジュリスト』Ｎｏ．９３３　森田明論文による。傍点引用者）

この「世界の買収劇」上演にあたっては、国民も共犯者である。この日のために、九八億という目の玉の飛び出るような巨額の金が費やされたが、これについて、国民のあいだからごうごうたる批難が巻きおこる気配はない。

九八億といえば、日本国民の平均年収約四〇〇万として、二五〇〇年間せっせと働きつづけなければ稼げない額なのに――などと悲憤コーガイしていたら、新宿の都営マンションで一人暮らしをしている八六歳の女性に、かるくいなされてしまった。

「九八億なんてハシタ金使わせるからいかんのよ。このあたりじゃみんな億ションがあたりまえ。何千億も使わせなきゃ、国民は腹をたてないよ。どうも日本のサヨクは、肝っ玉が小さくていけない」

なるほど――。経済大国日本の「金満症」国民にとっては、この程度の費用で「今世紀最大のイベント」に参加できるなら、お安いものだというわけか。

それにしても、この日は、ほんとうに寒かった。ただでさえ寒いこの日、わが家では、ガソリン・スタンドの「御大喪」閉店のおかげで石油ストーブの灯油が買えず、家族一同骨の髄まで冷えこむ思いをさせられたのだから、ヒロヒトにはまさに恨み骨髄である。

しかし、灯油を求めてむなしく車を走らせたおかげで、はからずも「自粛」ウォッチングをした。商店街では軒並みシャッターを降ろし、人かげもほとんどない。一月七日の死去当日には、赤や黄色の花々を路上にまであふれさせていた花屋も、色どり鮮やかな品々で客を誘っていた果物屋やケーキ屋の店先にも、この日は冷たい灰色のシャッターが降ろされている。テレビ画面の黒と灰色の世界が、そのまま街を浸しているようだった。

しかし、もちろん、シャッターを降ろしていた商店のひとたちも、本気で「奉悼」につとめていたわけではかならずしもない。

夕方近くになって、わたしはようやく、半分シャッターを上げた酒屋さんで灯油を手に入れることができたが、その店の中年の女主人が言うには、

「天皇へーカと同じ年のおばあちゃんがいるからね。今日は店開けたらいかんとうるさくいうからがまんしてたけど、正午の黙祷すんだから開けてもいいんだ、天皇へーカさんもそのほうをお喜

びになるんだといって、さっきようやく開けたんです」

弔旗を掲げた地方自治体の施設のなかで、「歌舞音曲」に浮かれた老人たちもいた。

東京・世田谷の某老人福祉センターでは、当日は休館と決めていたところ、区民からの抗議で前日になって急拠開館を決定。当日は、あの冷たい雨にもかかわらず、いつものように開館と同時に男女老人がやってきた。

いつもはセンター側がかける「世田谷音頭」で一日がはじまるのだが、この日は「歌舞音曲自粛」で中止。しかし人気のカラオケについては、住民の「自主性にまかす」ということにした。

そうしたら、いつものように男女入り乱れてのマイクの奪い合い。自粛どころか、かつてない盛り上がりだったという。「天皇へーカも、その方をお喜びになる」というのが、カラオケ老人たちの言い分だったそうだ。

そういえば、昨秋以来、この「天皇へーカもお喜びになる」、あるいは逆に「天皇陛下は、お喜びにならない」ということばを、しょっちゅう聞いた気がする。

「大喪」当日のテレビでも、スキーをかかえたOLふうが、マイクをつきつけられてこんなふうに言っていた。

「天皇へーカが亡くなったのだから、悲しいことはかなしいけど……、でもやっぱりスキーには……。……やめるのは天皇へーカもお喜びにならないでしょ」

彼女は本気でそう思っているわけではあるまい。マイクを突きつけられたら、なんとなくスキーに行く言訳けをしなければならない気がして、そのとき口をついてでたのが「天皇へーカ云々」だったのだろう。

「天皇へーカも喜ばない」は、この間、自粛したくない民衆にとって、文字通り「錦の御旗」だった。とりあえずこの「錦の御旗」を立てておけば、おおぴらな非難は、封じることができた。いわば、厄除けの呪文だ。

自粛するのが「天皇陛下のため」なら、自粛しないのも天皇のため——。これを民衆のしたたかさと見るか、それとも卑屈とみるか。

ここで思い出すのは、戦前、日本の支配下におかれていた朝鮮人が、差別者日本人に向かって、「チョセンジン、チョセンジントパカニスルナ、チョセンジンモテンノウヘーカノセキシダ」と切返したというはなしだ。

「一視同仁」だの「天皇の赤子」だのと、天皇制国家がふりまく平等のタテマエを逆手にとって、差別者日本人への攻撃の武器にしたわけだ。敵の武器をわが武器に、というのは、奪われつくした民衆の闘いの原則だ。

「天皇へーカも喜ばない」を錦の御旗にした自粛拒否も、そうなのだろうか?

だとすれば、現在の日本人は、「主権在民」の憲法をもちながら、日本という国の「主人」であると保障されながら、被植民地国民として支配されていた当時の朝鮮人同様の状況にあるということになる。

日本国の「主人」が、自分の金でスキーに行ったり歌を歌ったりするのに、なんでいちいち錦の御旗「天皇ヘーカ」が必要なのだろう。

しかも、たしか「天皇ヘーカも喜ばない」は、過剰自粛が問題になった時点で、明仁皇太子（当時）や政府筋から、マッチポンプ的に言い出されたものではなかったろうか。「過度な自粛は、天皇陛下の御心に添い奉らない」という具合に——。

マスコミでも、過剰自粛の揺れ戻しの段階でさかんにこれが使われていた。自粛しない民衆の錦の御旗になったのは、たぶん、それ以後のことだ。

だとすれば、敵の武器をわが武器にするどころか、逆に敵の手のうちにすっぽりはまりこむことにもなりかねない。

ここでふりまかれているのは、結局「おやさしい天皇陛下」である。天皇とは、戦前的に言えば「御仁慈きわまりなき大御心」でひたすら「民草」の幸福を願う存在である。だから「自粛」で国民が苦しむのを喜ぶはずはない、というわけなのだ。

これをいま民衆は、そのまま受けとってはいまい。しかし、ウソも一〇〇ぺん言えば、ホントになるということはある。いや、じつはホントになる必要もないのだ。みんなウソッパチだと知りながら、しかしおおっぴらには反対できないものとしてまかり通る。それが「錦の御旗」なのだから。

戦前の「天皇陛下の御為に」も、かなりの部分はそうだった。「畏れおおくも……」と押し立てた「錦の御旗」のかげで、民衆はそれぞれ、けっこう好き勝手なこともやっている。それでも「錦の御旗」は、何千万のアジアの人々を殺し、何百万の日本人を死なせることができたのだ。

さて、新天皇明仁は、これまでのところ、こうした「錦の御旗」的ではない「民主的」存在としてアピールされ、まずまずの成功をおさめているようだ。とくに新天皇が、「朝見の儀」において「みなさん」と呼びかけ、憲法遵守を誓ったことは、「民主的天皇制」の出発を告げるものとして歓迎されている。

憲法学者のあいだでも、「おことば」の評判はよいようだ。たとえば佐藤功は、このとき新天皇が「日本国憲法および皇室典範のさだめるところにより、ここに皇位を継承しました」と述べたことを評価し、「皇祖皇宗の威霊」によってではなく、「国民の総意」にその地位の根拠をもとめた日本国憲法の象徴天皇制が、ここではじめて誕生したとしている（「座談会・象徴天皇制の四二年と今後の課題」『ジュリスト』Ｎｏ．９３３）。

「右」からの評価としては、日本を守る国民会議の加瀬俊一の「スティル・セ・ロンム」論がある。つまり、天皇制にとって「スタイルこそ重要」なのであり、それからいえば、新天皇の「みなさん」発言は、新しい天皇制をアピールする「新鮮なスタイル」として評価できるというわけだ（「新天皇・明仁陛下の『帝王学』」『諸君！』八九年三月号）。

それに対して、「みなさん」に文句をつけているのは、西部邁である。かれは、新天皇の「平和主義と民主主義」的スタイルが気にくわない。憲法学者のいう「国民の総意」も気にくわない。西部によれば、「国民の総意」とは、「国民の長い歴史のうちに一貫して潜在している（と想定された）共通意思のこと」であり、であるからには「天皇がまず相手にされるべき『皆さん』は私のようなたまたまいま生きている国民ではないはずである。鬼籍に記されているたくさんの死者たち、そして未だ生れざるたくさんの子孫たち」をも含むものとして仮構されなければならないとする。スタイルはスタイルでも、「皇祖皇宗の威霊により」という戦前天皇制のスタイルである（「皇室を開き放しにしてはいけない」『Voice』八九年三月号）。

しかしこれまでのところ、西部の思いとは逆に、明仁はますます「民主的」スタイルでアピールされている。そのときぜったいに欠かせないのは、新皇后美智子の存在である。

明仁の「開明性」については、ヴァイニング夫人の存在や『ジョージ五世伝』による帝王学教育、それに外遊二二回、四一か国歴訪といった「国際性」があげられている。しかしなんといっても、いちばんの売物は、美智子との結婚である。この四月一〇日は「御成婚三〇周年」ということもあって、女性週刊誌だけでなく、あらためて美智子の「シンデレラ物語」をとりあげた雑誌も多い。

たしかに新皇后美智子の誕生は、ようやく完成したシンデレラ物語である。本来ならば「粉屋の娘」が王子様と結婚したところでメデタシメデタシ、シンデレラ物語は終わるはずだったのだが、王様があまりに長生きしたために、物語は改められざるをえなかった。意地悪な女王や、旧態然たる女官どもにいじめぬかれながら、あくまでもやさしくけなげに、我が身をけずって良き妻・良き母・良き嫁としてつとめ、ようやく今日栄光の冠を手にした――という具合である。

しかし、「美智子さんて、昔はきれいだったんだって？」などと疑わしげに言う若い世代に対して、このシンデレラではアピール力は弱い。にもかかわらず、シンデレラなしでは、「民主的」スタイルは不可能なのだ。

だから今後、西部のいうように「何ほどか超越的な、崇高な、聖的次元にある」というスタイルに転換することで、リクルート汚職などによる国民の政治不信吸収をはかることも考えられないことではない。とくに、来年秋の「御大典」の仕掛け次第では、こどもたちにとって、明仁が「錦の御旗」になる可能性がないわけではない。

子供たちは、葬式よりはにぎやかで楽しげなお祭りのほうが好きだ。一九二八年一一月の昭和天皇「御大典」では、一〇月から一一月にかけて行われる学校の運動会、展覧会などに軒並み「御大典奉祝」の文字がかぶせられ、一一月一〇日の「御大典」当日には、児童・生徒を奉祝パレードに参加させている。一一月三日の「明治節」が学校行事になったのも、この年からである。神奈川県では、その直前に、県下公立学校の「御真影」保有状況調査が行なわれ、未保有の学校に「御下賜」して全県下に徹底させている。

先日発表された新指導要領で、日の丸・君が代が強制的なものになったことなどを思い合せると、来年の「御大典」が、学校教育における天皇制強化の機会になることは、じゅうぶんにありうる。

そして、「みどりの日」を期して、自然保護やエコロジー運動でがんばっている人びとに、天皇の名において賞が授与されるということもありうるのではないか。明治天皇の誕生日である「文化の日」に、文化勲章が授与されるように。

（一九八九年三月）

（原題「天皇へーカさんもお喜びになる」『検証〔昭和の思想〕Ⅱ 転向と翼賛の思想史』社会評論社、一九八九年八月刊）

第2章　母性と天皇制

「母性」の誕生と天皇制

「母性」とは、「女性が母として持っている性質。また、母たるもの」と『広辞苑』には記されている。「母性愛」については「母親が持つ、子に対する先天的・本能的な愛情」とある(第三版、一九八三年)。『広辞苑』を持ち出すまでもなく、「母性」あるいは「母性愛」についての一般認識も、だいたいこんなところだろう。

ちなみに、三省堂『国語辞典』には、「母性」の第二位の語義として「母としての機能」があるが、小学館の『国語大辞典』なども『広辞苑』とほぼ同じである。「母性」は、女が「母」となればば当然もつ性質であり、「母性愛」は、先天的・本能的なものである。つまり「自然」であり、したがって超歴史的なものだということになる。

これは、とんでもない間違いである。日本で「母性」という言葉が使われるようになったのは、一九一〇年代後半の「母性保護論争」以後のことで、せいぜい七〇年の歴史しかない。

「母性」という言葉がなければ、当然「母性愛」「母性本能」という言葉もない。そして、言葉としてないということは、そういう「観念」もなければ「事実」もなかったということだろう。

「母性保護論争」の論客の一人、山田わかは、「母性保護」という言葉は、スウェーデンのエレン・ケイの影響をうけて、一九〇四年《ママ》、ドイツに母性保護同盟が成立したことから「発明された」という。そして日本の「母性保護を重心とした婦人論」は夫の山田嘉吉がこのドイツの母性保護同盟を紹介したことがきっかけだという。(1)

これは、雑誌『女王』(一九一六年八月号)に山田嘉吉(一八六五―一九三四)が書いた「母性保護同盟に就いて」という文章だが、タイトルや小見出しには「母性」という言葉が使われているものの、文章中には、「母性」ではなく「母」「母態」が使われている。タイトルにある「母性保護同盟」Bund für Mutterschaftも、文中では「母の保護同盟」と訳されている。

現在なら当然「母性」と訳されるドイツ語のMutterschaft、英語のmotherhoodは、母性保護論争以前には、「母態」「母権」と訳されていたようだ。山田わかが『青鞜』にエレン・ケイの『児童の世紀』を訳出したときは、「母態」が使われているし、同じエレン・ケイの"The Renaissance of Motherhood"を平塚らいてうも山川菊栄も「母権の復活」といっている。

「母性」を初めて使ったのは、与謝野晶子の「母性偏重を排す」(『太陽』一九一六年二月号)ではないだろうか。最初かどうかはともかく、少なくとも普及のきっかけになったのはたしかである。この文章に対しては、平塚らいてうが「母性の主張について与謝野晶子氏に与う」で反論し、母性保護論争の前哨戦の趣があったが、その二年後に本格的に開始された母性保護論争では、もはや

「母態」「母権」ではなく、多くの論者によって「母性」が使われている。

「母性偏重」を排撃し、「母性保護」に反対した与謝野晶子によって「母性」という言葉が普及されたのは皮肉なことであったが、それは、ただ皮肉というだけではすまない重大なツケを、後の世に残した。

「母権」は、「女権」「人権」同様、まずは母親の具体的な権利を指す。伊藤野枝が、アナキスト、エマ・ゴールドマン（一八六九―一九四〇）の『婦人解放の悲劇』を引いて「自由母権の方へ」（『解放』一九二〇年四月号）をいったのも、結婚制度によらずに自由に母になる権利を求めてのことだった。それは、国家が女に要求する「良妻賢母」拒否でもあった。

また「母態」とは、文字通り「母である状態」である。女が母である状態になることによって社会的にマイナスを被らないようにするにはどうすればいいか――。これが母性保護論争のテーマであった。そして与謝野晶子が「母性偏重を排す」で使ったのもこの意味であり、一人の女の生活には「母性中心、友性中心、妻性中心、労働性中心……」とさまざまな状態があることを言い、女のアイデンティティを「母性」にだけ求めることを批判したのだった。

しかし、この後「母性」という言葉が定着するにしたがって、具体的な「権利」や「状態」を離れて、抽象的な概念として一人歩きを始めることになる。一九二六年、高群逸枝が『恋愛創世』を刊行して母性保護論争に彼女なりの整理を加えたとき、当然のように彼女は、「母性」を『広辞苑』

のいうように「母として持っている性質」とし、「母性愛」を本能であり「自然」としている。

その結果「母性」は「良妻賢母」以上に女のアイデンティティを脅かすイデオロギーとなった。「良妻賢母」が外側からの規範であるのに対して、「母性」は女なら本来当然もつべきもの、つまり女の存在そのものを意味したからである。しかも、その「母性」が含意するものは、自己犠牲と無限抱擁である。母たるものは、子のためには我が身を犠牲にすることもいとわない、子がなにをしようと無限に許し、見守る存在である――。

もちろんこうした観念自体は、「母性」という言葉の登場によってはじめて生まれたものではない。慈悲の権化としての観音信仰など、ひろく庶民の間に根づいていたものだ。「母性」という言葉は、そうした庶民の「信仰」をすくい上げつつ、近代的な「自我」を真っ向から否定し、女に「無我」と「献身」を要求するものとなった。


そうした「母性」は、「昭和」の一五年戦争の時代に天皇制と癒着し、日本やアジアの息子たちを死にいざなうものとなる。一五年戦争下、こうした自己犠牲と無限抱擁の「母性」賛歌が日本社会に溢れたが、それはもちろん、ひとつには、戦争の中で消耗する「人的資源」増強のために、女により多く子どもを産ませ、しかも身を削って産み育てた子を「天皇陛下の御為に」死なせるという犠牲に耐えさせるためである。

さらに大きいのは、「母性」賛歌が天皇制賛歌と重なり合うことによって国民統合力を強め、「挙国一致」で侵略戦争を遂行させる役割を果たしたことである。

日本近代は、家父長制的な天皇制と家族制度を生み出したが、その家父長制はヨーロッパのようにそれ自体で屹立するものではなく、天皇も父たちも、「母」に支えられて家父長としての権威を保持していたといえる。天皇の権威は豊饒神アマテラスによって支えられていたし、父たちの権威は、母に「立てられる」ことによって成り立っていた部分が大きい。

したがって、もともと家父長制的天皇制には母性的天皇制が伴われていたのだが、戦局がきびしくなるにつれて、母性賛歌とともに、天皇の「大御心」は「一視同仁」、国民すべてを「赤子」として慈しみ給う――といった母性的天皇賛歌が大々的に流布された。その天皇を「御祖」とする家族国家日本の有難さがいやというほど叩き込まれた。

フェミニストたちもそれに協力した。とくに高群逸枝は、「母性」を「惟神の道《かんながら》」として天皇制につなげ、それが「日本国体のよって立つ原理であり、ついに世界救済の福音たるべきもの」として、侵略の論理である「八紘為宇」を正当化している。[2] また溝上（森）泰子（一九〇三―一九九〇）は、西田哲学やドイツ観念論に拠って「絶対の奉仕と献身を内容とする」「国家的母性の構造」を明らかにし、日本の母は「万民慈育の大御心に捨身し、国の伝統の悠久の保持者」たるべきことを説いた。[3]

こうして、「無我」と「献身」を内実とする「母性」は、女たちに犠牲を強いだけでなく、天皇制の加害性を支えるものになったのだ。

そしてまた、それは戦後における日本国民の戦争責任意識の稀薄さにも関わっているように思える。「無限抱擁」の「母」の胸に安住しているかぎり、自他の認識に立った「責任」観念が鍛えられることはないからだ。

日本の辞書の「母性」の定義が書きかえられる、というよりは「母性」という言葉そのものが辞書から抹消されたとき、はじめて日本人は、責任意識のある自立した存在になりうるのではないか。

（初出『母性から次世代育成力へ――産み育てる社会のために』新曜社、一九九一年）

注

（1）山田わか「母性保護法の過去及び現在」一九二九年

（2）高群逸技「たおやめ」『日本婦人』一九四四年一一月号

（3）森泰子『国家的母性の構造』同文館、一九四五年

大御心と母心

靖国の母を生み出したもの

靖国の老母たち

靖国神社の神門をくぐり、鳩の遊ぶ玉砂利をふんで拝殿の右手にまわると、「靖国会館」なる古めかしい建物がある。入口を入るとすぐ、人間魚雷「回天」が赤錆びた姿を横たえており、天井の高い石造りの建物の内部は、夏でもひんやりと薄暗い。「回天」のかたわらに立ってふりかえると、入口で矩形に切りとられた外の真夏の世界が、やけに白々と現実感を失ってみえるから不思議だ。

二階の宝物遺品館には、日露戦争に斃れた兵士が肌身につけていたという懐中時計がある。胸にあいた穴のまわりに、かつては赤かったであろう褐色のしみをつけた軍服がある。小さな字でぎっしり寄せ書きのあるボロボロの日の丸がある。さだめし背筋をしゃんと伸ばし、一画一点にも心をこめて書いたろう「遺書」がある――。ここは、「昭和二十年八月十五日」で時の歩みが止まった死者の世界なのだ。

今年（一九七七）七月、靖国神社の御霊《みたま》祭の日、この死者たちの世界に、もう八〇を越したろうと思われる老女が、中年の息子夫婦に助けられて歩み入った。南の海で死んだ息子の供養のために、はるばる関西から出て来たのだ。

係員が息子の遺影が納められているガラスケースに案内すると、彼女は顔をこすりつけるようにしてガラスごしにわが息子を眺めていたが、やがておおいかぶさるようにしてケースを抱きしめ、人目もはばからず大きな嗚咽をもらした。

一七歳で南の海に沈んだ息子の、まだ少年のおもかげを残すきまじめな顔をみて、こらえきれずに嗚咽する老女の気持はわたしにもわかるような気がする。そのとき彼女は、どんなにか、冷たいガラスケースではなく、暖かい血の通った息子の身体を抱きしめたかったことか。

〝あのとき〟の喪失感が、今も生々しく胸にある故に、わたしはそう思う。

あのとき——昨年の梅雨の晴れ間の日曜日、わが上の娘と息子は、水かさを増した多摩川に落ちて溺れかけたのだった。すぐそばで釣をしていた青年がいちはやくかけつけてくれたから二人とも無事だったが、足元の危なっかしい下の娘の手を引いて大分離れたところにいた母親に、二人とも助けられたかどうかは自信がない。

もしあのとき、あの青年がいなかったら、とわたしはときどき考える。するとたちまちわたしは、死魚や芥の浮かぶ水面に、びっくりしたように目を見開いて浮きつ沈みつしていた子どもたちの頭が、もう二度と浮かび上がってこず——二つの頭を呑みこんだ水が輪を描いて芥を集め、なにごともなかったように再びゆっくり流れるのを見る。水に鼻と口を塞がれて死にゆく子どもたちの苦悶そのままに、息が苦しくなる。水底から引き揚げられた子どもたちの肌の、底知れぬ冷たさをわが腕にまざまざと感じる。そしてそのあとに、奈落に落ちるような喪失感――。

バカバカしいとは思う。あのとき子どもたちは、かすり傷一つ負いはしなかったし、すでにこの事件は、いささかこっけいなわが家の武勇談の一つになっているのに、子どもたちの〈死〉にともなう喪失感だけは、妙に生々しく今もわたしの胸にある。

まして、とわたしは思う。わたしのような妄想の中でのわが子の死ではなく、ほんとうに子どもを死なせた母親の喪失感はどんなだろうか。

かつてこの日本には、そのような母親を大量に生み出した時代があった。そして母親たちは、三十余年を経た今も、あの老母と同じ慟哭をくり返しているのだろう。ある母親は、その嘆きを三十一文字に託してこう歌う（山崎せき『走馬燈』）。

南海の底にしづめるなきがらはいかならむ引揚の時もあるまじ

今一度わが目の前に現はれよ心ゆくまでいだきしめたし

その慟哭の中には、母親としての自責の思いもまじる。

吾若く心強くて子等の上思ひやり少なかりきおろかなる母

厳しい時代、ほとんど楽しい思いもさせないまま征かせた息子に、こんなに早く死んでしまうのだったらなぜもっとやさしくしてやらなかったか、なんであんなに叱ってばかりいたのか。もう少しおいしいものを食べさせてやればよかった……。自分が戦後の「繁栄」の中に生き残っているだけに悔やまれてならない。

つきつめて思へば愛し何故に若き二人の命国に捧げしと

戦後のある時期、戦争責任が喧しく論じられていた時代には、母親の胸にもこの自問があった。しかしそれは、心の底まで根を下ろすことなく、戦争体験の「風化」が言われる中で、ひたすら亡きわが子との対話に老いの日々を収斂させていってしまう。

靖国の奥殿深く端座してしばし目つむり亡児に話しかく

これら母親たちの老い先は、もう長くはない。自分が死んだら、妻も子もないまま死んでしまった息子の生の証は、この世のどこにとどめられるだろうか。後生はだれがとむらうだろうか。戦後育ちの孫たちにそれを期待することはできない。

こう思うとき老母たちは、金三万円也を払って靖国神社の永代神楽を申し込む。そうしておけば、自分の死後も永遠に、祥月命日には息子の御霊《みたま》を慰めてもらえるのだ。マキノ、ツマ、コナオ、イサ、シカ、カメヨ——、『靖国神社社報』に「永代神楽祭申込者芳名」として毎号ずらりと並んでいるこんなカタカナ名前は、そういった老母たちなのだろう。

それにしても、なぜ女たちはもっと怒らないのかと思う。息子をわが手から奪ったものに対して、また言われるまま息子を差し出した自らに対して、なぜもっと腹を立てないのか。

それよりも、紙切れ一枚の〈遺骨〉や遺影のガラスケースを抱きしめて慟哭するなら、なぜ生きている息子を後手にかばって、奪おうとするものに立ちむかわなかったのか。あるいは息子の足にしがみついてでも、死地への出立を止めなかったのか。

〈母性讃歌〉のはんらん

母親たちの、今につづく慟哭の原因をつくりだした一五年戦争の時期が、同時にまたこの日本の歴史において、母親たちがもっとも讃えられ、もっとも大切にされた(少なくとも言葉の上では)時期であったのは、たんなる皮肉ではすまないものを含んでいる。

日本人にとって、〈母〉がとくべつの価値的シンボルであることは、山村賢明の精緻な分析によっても明らかだが(『日本人と母』)、とりわけ戦時下、とくに日中戦争から敗戦にいたる時期にはそうだった。この時期、政治家も軍人も、官僚も学者も作家も、にわかにこぞって日本の〈母性讃歌〉を奏でたのだった。いくつかの〈讃歌〉によってその論の展開を追ってみれば、おおよそ次のようになる。

――わが日本の母は、子どものためには喜んで自己を犠牲にする「無我愛の太陽」である（安積得也「大東亜戦争下の母」一九四二年四月全国放送）。これは個人主義的な欧米の母親には絶対に見られないわが国だけの美風である。

そして母の「子への愛情は、またひとり子にとどまっているものではなく子を通じて発展するもの」（宮本常一「母親の心」『家郷の訓』所収）であり、すべての子ども、すべての生命の上にひとしく太陽のように降りそそぐ。この母の心こそが、世界に比類なきわが家族国家の結合原理、道徳の根本なのである。したがって「惟神《かんながら》の婦道はひとくちにいへば母心である。この母心は（略）神ごころと同義である」（高群逸枝「神ごころ」『日本婦人』一九四四年八月号）。

この「神ごころ」を体し、「惟神の道に則って国を治め民をしろしめ給ふ」（『臣民の道』）のが天皇であってみれば、畏れ多くも、「大御心《おおみこころ》」（天皇の心）は母心であり、母心は大御心である。その大御心、母心を、ひとり日本のみでなく、アジア、ひいては世界の民にまで及ぼそうというのが「八紘一宇」の御聖業なのである。いやしくも日本の母たるもの、すべからくこの大御心を深く心にとめ、わが子をわが子としてではなく天皇（国家）の「大御宝」としていつくしみ育て、必要とあらばいつでも喜んで天皇にお返しする（捧げる）覚悟を持たねばならない――。

こうした、〈母性讃歌〉がはんらんしただけでなく、この時期はまた、母と子の保護対策が、具体的な政策として打ち出された時期でもあった。一九三七年以来、母子保護法、保健所法、社会事業法と、次々と打ち出された法律は母と子を守るためと銘打たれたし、三八年一月には、それらの対策の元締めとして厚生省が設置されている。そこでとり扱われる問題は、以下のようであった。

一、妊産婦及び乳幼児の保護に関する事項
一、保護施設に関する事項
一、母子保護法の施行に関する事項
一、虚弱児及び異常児の保護に関する事項
一、結婚及び出産の奨励に関する事項（以下略）

（市川房枝編『婦人界の動向』一九四四年による）

これらの問題が国政の対象になったのは、史上初めてのことだったが、しかしそれはあくまで侵略戦争のための「人的資源」増強対策であったことは、これらを主管するのが厚生省の人口局であったことからも明らかだ。

にもかかわらず、この動きに対して女たち自身から批判はもちろん、懐疑の声すらあがっていない。もちろんまったくないわけではない。たとえば、「戦時下の婦人問題を語る座談会」（『文藝春秋』一九三八年一一月号）における平塚明子（らいてう）、山川菊栄の発言には、批判的姿勢をうかがわせるものがある。

らいてうは「女性が、といふよりも母といふものがこの事変（日中戦争＝引用者註）以来持上げられて来たやうな気がしたからです。それから女性自身も以前の自由主義時代とは又別な眼で、家庭や母性の問題を見直さうとする傾向があります。又それと同時に国家は、国家としての立場から、優秀な第二の国民をつくる事が国運のため何よりも大切なことであり、それには子供を生み育てる母親を、それから又生み育てる場所である家庭を尊重し、それを護らねばならないといふことになって来ます」と述べて、当時にわかに高まった母親対策が「国運のため」ではないのか、といささか口ごもりつつ危惧している。

山川は、「女の問題でも、今までいろいろ持上げて働かせて、今度は女が引込んで居ろとか生活改善だなんと言って、殺風景なことを言ふナ、大人しくして居ればといふやうなことになるのでせうけれども……」と、体制の女に対する動き全体に醒めた態度を示している。

しかしこの座談会で、七人の出席者（岡田禎子、片山哲、辰野隆、帯刀貞代、谷川徹三、平塚明子、山川菊栄）のなかで、いちばんはっきりと批判を口にしているのはフランス文学者の辰野隆である。彼はあっけらかんとして、「政治家側から母性愛といふものを政策に利用しようといふ所は私は見えると思ひますよ、確かに。それは警戒すべきだと思ひますね」と述べ、母性愛が、「排他的独善的愛国心」に利用される危険を説いている。

この辰野の発言に対して、かえって〈階級的婦人運動家〉帯刀貞代が、現実に苦しむ母親たちの要求を国家がようやく受けとめる姿勢を見せたとして肯定しているのが印象的だ。帯刀の見誤りの原因が、彼女が、辰野のような西欧的知性の持ち主である書斎派の男ではなく、貧しい母と子の苦痛をわがこととして対策に腐心する婦人運動家である故だとしたら、あまりにくやしいことではある。

平塚、山川程度の批判も当時においては稀有のことで、女たちもまた、男たちの〈母性讃歌〉に唱和して「日本の母の自覚」を母たちに呼びかけたのだった。

「母よ！　母よ！　今祖国は、日本の母を呼び求めて居ります。我が育てのいとし児らを、御国に捧げると共に、自分の汗とまごころと生命を捧げつくして、国を護り民を高め、祖国を磐石の泰きに置かねばやまない、といふ覚悟のある母をこそ喚び求めて居ります」（高良とみ『これからの母・新しい母』一九四二年）

そして、「愛と平和の人」であるはずの高群逸枝もまた、大日本婦人会の機関誌『日本婦人』誌上において、学問的〈母性讃歌〉を謳いあげ、戦争推進の一翼を担っていったのは先に見たとおりである。

母心と大御心

ウルトラ的天皇制による狂気のような暴力の時代、ときかされてきた戦時下の、〈母性讃歌〉の豊饒さ、そしてそれが母心と大御心との関わりで高唱されたことにわたしはこだわらずにはいられない。母心を大御心によって、また大御心を母心によって規定するその相互規定がまた、相互の無限の価値づけでもあったところに、ウルトラ的天皇制が生まれ、「靖国の母」の大量生産もあったのではないかと思うからである。

なぜ母心と大御心の相互規定・相互価値づけがなされたのだろうか。

「天皇を父とする家族国家」、あるいは「義は君臣で情は父子」という明治以来の天皇制国家の規定とはうらはらに、また「家父長的天皇制国家」という戦後の規定とはうらはらに、民衆のこころの底流にある〈母なるもの〉への共同幻想を結実体現したものが天皇であり、それを支配原理としたのが天皇制であるとわたしは考える。なぜ民衆のこころの底流に〈母なるもの〉への共同幻想があったのか。

石田英一郎のいうように農耕社会につきものの、母子神崇拝にその淵源をもつのか、あるいは高群逸枝のいうように、この日本においては原始母系制の解体がずっと遅れたためなのか。あるいはまた柳田国男のいうごとく女の神霊との交流の力を畏れたためであるのか、それは知らない。

しかし民衆のこころの底流にそれがあり、そのことをよく知っていたからこそ、明治国家の創立者たちは、その統一シンボルたる天皇を民衆に提示するにあたって、神武天皇ではなく、天照大神を持ち出したのである。「此日本ト云フ御国ニハ、天照皇大神宮様カラ、御継ギ遊バサレタ所ノ天子様ト云フガ、ゴザッテ……」（明治二年長崎裁判所「御諭書」）というのはその一例である。

天皇を「母」として提示しておきながら、のちに「父」といいかえたのは、支配層を占める男たちの自己合理化にすぎない。したがって、「父」といいかえたのちも、民衆に対しては天皇はつねに〈母なるもの〉として提示されつづけた。「天皇の赤子」ということばはそれを示している。みずからを「赤子」に擬制されたとき、ひとが思い浮かべるのは母であって、けっして父ではない。民衆は、「御仁慈を垂れたまふ」という天皇に、慈母を幻想しつづけたのだった。

天皇自身も、それはじゅうぶんに心得ていたようだ。

身はいかになるともいくさとどめけりただたふれゆく民をおもひて

これは、昭和天皇の敗戦に際しての「御製」であるという。これをたとえば、「心配おしでない。わたしたちはどうなっても、おまえさえ幸せになれるなら、それよりけっこうなことはないのだからね……」（芥川龍之介『杜子春』）という母の言葉と重ねあわせてみるとよい。天皇が与えられた役割をみごとに演じていることがよくわかる。

仙人になるために、地獄におちてなお無言の行を続ける杜子春の前で、馬に姿をかえられた母親がむち打たれ血の涙を流しながら、なおかつ息子にむかってこういう姿——それは芥川龍之介における〈母〉意識を示しているとともに、民衆のそれの集約的表現でもあるだろう。

この民衆の〈母なるもの〉への共同幻想に依拠するかぎり、いかなる事態になろうとも天皇は安泰である。どんなに血迷ったことをしようと母は母、子にとっては唯一絶対であり、あらゆる論理を超越する。山村賢明は、その著『日本人と母』において次のように言う。

「(結論としていえることは) 日本の文化において母は『宗教的』な機能を演じうるようなものとして観念されているということである。ウェーバーにならっていうならば、母のコンセプションズは日本人の『エートス』Ethosの一部として、その行動にたいして大きな意味をもっているのである」。

天皇の大御心は、こうして母心に規定されることによって無限の価値を獲得する。

それではこのとき、母心はなぜに大御心によって規定され、価値づけられねばならなかったのか。民衆の母心への観念、〈母なるもの〉への共同幻想が、まさに幻想にすぎなかったからである。民衆が(とくに男たちが)希求する母心など、どこにもなかったからである。

そのことをもっともよく知っていたのは母たち自身であり、だからこそ母たちは、自らの母心を天皇の大御心によって権威づけられねばならなかったのだ。自らの中が空っぽであることを知りながら、なおかつ衆目の前でそれを認めたくないならば、虎の威をかりて虚勢をはるしかない。そしてこのときもっとも威のある虎が天皇であったのはいうまでもない。

母たちが意識的にそうしたというのではもちろんない。当時、とくに核家族化する都市中産階級のある程度以上の教育をうけた母親たちをおおう何とはない不安、その不安が、大御心=母心の虚構につけ入るすきを与えたということだろう。

日中戦争開始直前、窪川(佐多)稲子は、「最近の母性論の流行」現象に触れて次のように書いている。「何かが壊れつつある、といふ感じ、それに代るものが出てゐず、而も求めるものが多いのに、何かが壊れてゆきつつある。つまり母親の生活が、複雑な意味で壊れていってゐる」(「母の自覚と混乱」一九三七年四月『女性の言葉』所収)

もともと、個々の母親に〈母なるもの〉が十全に備えられるはずもないからこそ、〈母なるもの〉の共同幻想が成立するのだが、しかし「母親の生活」が、共同体の中でそれなりに安定した位置を保っているかぎり、個々の母親と〈母なるもの〉との間の乖離は目立たない。しかし「母親の生活」が実体として壊れてくるならば――。

その「母親の生活」を壊すものは、日本の近代化そのものであったろう。「母たちはこの中で、非常な不安で子供に対してゐる」、それが母性論の流行を生み出している、と窪川はいう。

このあとすぐ、それは天皇の権威をかりた「国家的母性論」となって、「靖国の母」へと女たちを追いこんでゆく。

つくられた母心

そして母たちだけでなく、男たちもまた、希求してやまない母心のうつろさを感じていたにちがいない。それが男たちをますます大御心に傾斜させ、その結果、ウルトラ的天皇制を現出させてしまったのではあるまいか。

一九四二年六月、国策協力をうたって大日本文学報国会が成立し、数多くの文学者を結集した。その初仕事は『日本の母』の編さんだった(一九四三年四月刊)。当時観念的母性論の流行の一方で、母をめぐる「銃後美談」がはんらんしていたが、それは日本の母心のありようをただ観念的にではなく、もう少し具体的な〈模範〉の形で女たちに提示する必要があったからだ。

『日本の母』は、そうした母心の模範例の集大成といってよい（同様なものに国民精神総動員中央連盟による『軍国の母の姿』第一輯、第二輯等がある）。川端康成、佐藤春夫、高村光太郎、尾崎一雄、西条八十、船橋聖一、菊池寛……。女性作家では、壷井栄、森田たま、岡田禎子、大庭さち子、真杉静枝……。一〇〇人以上も目次にずらりと並んだ文学者の名前をながめて、わたしは感なきを得ない。とびらには、佐藤春夫作詩「日本の母を頌ふ」の歌が楽譜つきでのっている。

「君と国とに捧げむと　子等をはぐくみはげまして　老の至るを知らぬなり　日の本の母ぞ畏き」。対象となった母たちの多くは、「楠木正行の母」、「中江藤樹の母」といった修身教科書的賢母ではなく、全国各地で黙々として土にむかう名もなき農婦たちである。天皇—母—土というつながりは、戦時下をつらぬく精神基盤であったから、とり上げられた母たちの多くが農婦であるのは当然だった。彼女たちは、夫なきあとただ一心に働いて息子を育てあげ、いまその息子を「御国に捧げ」、自らもまた増産の鍬をふるって休むところがない。

しかしここで面白いのは、彼女たちの多くが高名な作家によって「日本の母」としてとり上げられることにとまどいを見せ、なんとか感動的なことばを引き出そうとする作家たちの質問に対しても多くを語ろうとはしないことだ。息子の戦死に対して、あからさまな嘆きを見せないのは当時は当たりまえのことだが、彼女たちの場合、それが「悲しみにはり裂けんばかりの胸をじっとおさえ……」といった「国家的母性論」の定型的母心とは、どこか趣きがちがう。

作家たちはそれにとまどいながらも、結局は、彼女たちの淡々としたありようを、日本の母心を、観念的にではなく肉体そのもので受けとめている故であるとして讃えるのだが、わたしは、作家たちの感じるとまどいの中に、共同体としてのムラの崩壊と母心の虚構性がみえるような気がしてならない。

新聞の大見出しに躍る「銃後の母」讃美によってではなく、当時の活字の行間からわずかにもれる母たちの生の声に耳を傾けてみれば、意外にそれが、いささか冷淡とも思えるほど現実的であることに気がつく。出征兵士の母である山里の老女は、「明るいこだわりの無い調子で」こう言った。

「アニ（長男）はお役にも一向立たなんだらうが、無事に戻して貰ひました。今行ってゐるのはオジ（弟）ですんで、お国のお役に立てば結構です。死んでも惜しいことありませんで、せい出して務めて来てくれりゃよござんすが。アレも己が手柄を立てて戦死したら、親孝行したと思っとくれとのことでしたわい」（江馬三枝子『飛騨の女たち』一九四二年　傍点引用者）

不敬、反戦言動として『特高月報』に収録されている母たちの発言はもっと現実的である。

「私等の如きものが一人息子を召集されては今後の生活に困るから税金は納めぬ」（一九三七年八月分　六三歳　傍点引用者）

「本年五月弟の正夫が出征して居るのに此の上兄の四郎迄兵隊に採られる様なことがあっては私等は首でも縛って死んで仕舞わねばならぬ」（一九三九年一一月、一二月分　六〇歳）

「子供を育てても昔だったら幾らか家の役に立ったのだが、（略）こんなに骨折って子供を育てても大きくなると天皇陛下の子だと言って持って行かれて仕舞ふのだもの嫌になって仕舞ひますよ　子供を育てても別に天皇陛下から一銭だって貰ふわけでないのに大きく育ててから持って行くなんてことをするんだもの天皇陛下にだって罰が当るよ」（一九四三年九月分　四二歳　傍点引用者）

この最後の母親の言葉には、母心＝大御心の虚構性に対する痛烈な批判がある。子どもは国家の大御宝、天皇の子だというなら、小さいうちからもっと面倒みてくれてもよさそうなもの、タダで育てさせておいて、出来上がってからヒョイと取り上げようなんて、そりゃムシがよすぎるよ――。これは生活者の健全な反応であろう。

『特高月報』には、こういった生活者の健全な反応が集積されていて、ほっと救われる気がするが、それによって、民衆は健全であったとただちに結論することはできない。なぜなら、これらの健全な発言は、民衆による監視、密告、足のひっぱり合いがなければ、警察に把握されることもなく、したがって『特高月報』に収録されることもなかったろうと思われる例も多いからだ。

それはともかく、これらの母たちの発言には、生活者の感覚はあっても、いわゆる〈母心〉は感じられない。息子は、母心の対象であるよりは生活の手段である。この生活手段としての息子（とくにあととり息子）への執着が多くのムラの母たちにあったであろうにもかかわらず、励ましさえして息子を戦場に送り出すのは、「日本の母の自覚」のせいではなく、ムラの圧力のせいである。

ムラのみんながそうするとき、一人だけちがうことをして「後指をさされる」のが怖いからである。「後指をさされる」だけでなく、当時は検挙、投獄の危険さえあったからである。

母一人子一人、羽二重工場の女工をしながら苦労のすえ大きくした息子を戦死させた母親は、その出征にあたってこう言ったという。

「それぢゃ元気で行って来《こ》、おっ母のことは心配するでねえぞッ。戦争場へ行ったら、命は惜しいと思ふな。戦争場ぢゃ前へ出ろッ。後へ戻ったら承知しねえぞッ」（「誉れの母の感涙座談会」『主婦之友』一九三九年六月号）

なぜこの母親が、苦労して育てたたった一人の息子を死に追いやるようなことを言って送り出したかといえば、「後へ退いたとか退かんとか、世間のいろいろな話を聞くと、うちの子に万が一そんなことが起ってはいかんと思」ったからである。

その戦死が、「真先駆けて突進し」た故であったかなかったか、致命傷が向う傷か後ろ傷か——。一人の若者の死をめぐって、こんなことを取沙汰する「世間」は残酷である。男たちのふるさと、ムラの共同性が、すでにこのような残酷と無責任の中にしかないとき、母心もまた、柳田国男や宮本常一が記したような、あるいは高群逸枝が「母性我」にみたような、共同体の中でおのずから普遍にむかってあふれ出るといったものではあり得ない。

そしてふるさとと母心がすでにこのようなものでしかあるとき、男たちは、〈母心〉の代替として大御心の虚構をよび求めてしまうのである。男たちが、五族協和の王道楽土を他国の土の上に思い描かなければならなかったのも、ふるさとと母がすでにこのようなものでしかなかったからであろう。

母なるものへの期待と不安

あの一五年戦争において、天皇と母たちは、大御心と母心の虚構をともに支え合ったという点で共犯者であった。母たちだけでなく、天皇が〈母なるもの〉への民衆の共同幻想の産物であってみれば、民衆全体が共犯者であったといえる。したがって、自らを剔抉する痛みに耐えることなくして、民衆に天皇の戦争責任を追及できるはずはなかった。民衆はその痛みを回避して、一億総ザンゲの共同性に逃げこんだのだったろう。

いまに続く靖国の母の嘆きを目にするとき、これはあまりに冷たい見方であるとは思う。虚構を与えたものと、その虚構に躍らされ被害を受けたものを、ひとしなみに断罪することはもちろんできない。しかし、なぜ母たちが、民衆が、廃墟をふまえて徹底的に怒らなかったかを考えるとき、どうしてもわたしはそう思ってしまうのだ。

民衆は自らを剔抉する痛みを回避した。したがって依然として、〈母なるもの〉への共同幻想は生きつづける。その結実である天皇も生きつづける。

〈母なるもの〉への共同幻想が生きつづけるとき、民衆に加害責任の意識が生まれることはない。あるのはただ、母の癒しの手を求める被害者意識である。戦後、天皇の巡幸に際して、民衆は、母の愛撫にたちまち機嫌を直すスネッ子さながら、「いろいろ苦労したであろうが、からだに気をつけてこれからもがんばって下さい」という天皇の一言に、胸のつかえを氷解させたのであった。一九五〇年、一人息子を死なせたが故に天皇から直接言葉をかけられたある母親は、「倅のお蔭で天皇陛下を、あんな近くから見ることができましたからもう死んでも思い残すことはありません」(高松市・堺コマ　六九歳　傍点引用者)と感激の涙を流したのだった。

したがって天皇も、毎年八月一五日の「全国戦没者追悼式典」において、遺族を前に「戦陣に散り、戦禍にたおれた数多くの人々とその遺族の上を思い、今もなお、胸のいたむのを覚える」と安じていうことができるのである。私はもの好きにも、この「全国戦没者追悼式典」における「天皇のお言葉」を、一九六三年の第一回以来、書き抜いてみたことがあるが、同じことのくり返しにウンザリすると同時に、ヘドをこらえるのに苦労した。「今もなお……」とは何たる恩着せがましさか！　天皇の命により夫や息子を死なせた女たちは、三〇年経とうと四〇年経とうと、生きてる限りいつだって「胸のいたむのを覚え」ているというのに――。

ちなみに、第一回は「常に胸の痛むのを覚える」であったが、六四年の第二回からは「常に」が「今もなお」にかわっている。戦後一九年目ともなれば、死者への哀悼においても、「もはや戦後ではない」ということか。

しかしもちろん、戦後三〇余年、〈母なるもの〉への共同幻想としての天皇制が、そのままのかたちで生きつづけたわけではない。一人息子を戦死させた孤独な老母が、天皇から直接ことばをかけられた感激だけをたよりに、以後「思い残すこと」なく生きつづけられたはずはない。

とくに天皇が、国民すべての母であるよりは、「天皇御一家のおやさしいおじいさま」として現われることが多くなるにつれ、母親たちは、己がマイホームに欠落している部分、戦死した息子への思いをあらためてかきたてられずにはいないだろう。訪米の途につく天皇夫婦の姿をテレビでみたある「戦争未亡人」は、しみじみとこういった。

「いいわねえ、夫が生きていれば、私だってああやって、二人で外国旅行ができたかもしれないのねえ」

彼女は、かなえられなかった老後のマイホームの夢を天皇夫婦の姿に見ている。同様に、老いた靖国の母が、孫たちに囲まれた天皇の姿に、息子の死によって得られなかった孫たちを夢見ることもあるにちがいない。戦後、高度成長下における民衆にとっての天皇の象徴性とは、このようなものではなかったか。

しかし、高度成長が破綻を見せはじめたいま、高度成長による私的空間の充実が虚しくなりはじめたいま、天皇の象徴性は、少しずつその内容をかえつつあるようにみえる。その変化はどのようなものに向かってか。

敗戦によってほとんど損傷をうけないまま底流化した民衆の中の〈母なるもの〉への共同幻想が、ふたたび顕在化する可能性はあると私は思う。最近の天皇家の多忙ぶりと母性喪失を論ずる声の高まり――は、その危険を示しているといえまいか。あのウルトラ的天皇制を生み出したかつてとは、比較にならないほど共同体と「母親の生活」が破壊されているいま、〈母なるもの〉への共同幻想をふたたび天皇が象徴するならば、どんなことになるだろうか。

ここで私は立ちすくんでしまう。それに対してどうするかは、いま母親である私自身の問題である。自らのうつろな母心を大御心の権威によって満たしたかつての母たちのようであってはいけないということだけはわかる。

しかしいま、人間も自然も切り裂き分断しつつ驀進する近代に、圧殺の恐怖を感ずるとき、〈母なるもの〉は限りなく魅力的である。生きとし生けるものすべての生命を、ただ生命なるが故に愛し許し、無限に抱擁するという〈母なるもの〉――。わが子の死を思い描くとき、私の胸をえぐる喪失感、死の苦痛に対する生理的共有感を自分の中にみるだけに、それに依拠して自らを〈母なるもの〉に仮構したい誘惑にかられる。

しかしそれがインチキであることは私自身がいちばんよく知っている。わが子への執着が〈母なるもの〉の原点だとしても、この原点から普遍的母心にいたる道は、私には遠い。「生命を生み出す母親は、生命を守り、生命を育てることをのぞみます」という母親大会のスローガンは、私には単なることばにすぎない。

それならば、まずそのことを正直に認めよう。天皇制を無化するためには、〈母なるもの〉への共同幻想を壊さなくてはならない。そのためには、まず母たち自身が、正直であらねばならないだろう。

そののちに、幻想としてではない〈母なるもの〉の創出にむけて、男たちとともに歩み出さねばならない。もしそれが可能ならば、そこに創出されるものは、もはや〈母なるもの〉ではなく、ただ人間的な生活そのものであるかもしれない。

（『思想の科学』一九七七年九月号掲載、加納編『女性と天皇制』思想の科学社、一九七九年七月）

〈眼差し〉の天皇制
長谷川三千子という亡霊

亡霊現わる

最近日本を、妖怪が徘徊している――。

べつに『共産党宣言』の真似をしたわけではない。ほんとにそう思ったのだ。妖怪というよりは、亡霊か?

この亡霊、これまでのところは雑誌『中央公論』『諸君』『Voice』等周辺の知識人、それから黛敏郎らの「日本を守る国民会議」のメンバー等のあいだをさまよっている。

しかし、すでにかのイワン・イリイチにとりつき籠絡し(?)、その余勢をかって、日本の反体制的エコロジストやフェミニストのあいだにも影をひろげそうな気配なのだ。

亡霊の名を長谷川三千子という。略歴によれば、一九四六年生れ、東京大学文学部哲学科卒。埼玉大学助教授。高名な女流作家の血縁とも聞く。

なぜ彼女が亡霊なのか。いったいだれの亡霊なのか。

一九八五年一一月、日本武道館に一万三〇〇〇人を集めて「天皇陛下御在位六十年奉祝国民の集い」が開かれた。主催は「日本を守る国民会議」。長谷川三千子はこの会に出席し、「女性代表」としてつぎのような天皇讃歌をうたい上げた。

「母親とは何かと申しましたならば、これは、子供をかなしむ存在である。（略）そういう母親のかなしみなど、とても及びもつかない広さと深さでもって、私共国民ひとりびとりを本当に深いところからかなしんで下さる方がいらっしゃる。私はそれが天皇陛下であらせられると思います。（略）

その澄み透った『かなしみ』でもって、天皇陛下が、私達国民の一人一人を見守って下さって、そして日本全体を見守って下さっている。それがあったからこそ、戦後、あの瓦礫の中から、私共が本当にまっすぐ前を向いて歩み始めることができたんだと思うのでございます」。

その一方で、新聞報道（私が見たのは『琉球新報』『京都新聞』だが、同じ記事なので共同通信の配信と思われる）によれば、昨秋来日したイリイチを囲むシンポジウム「日本文化とジェンダー」において、長谷川は次のような報告をしている。

「近代におけるジェンダーの喪失とはコンテキスト（文脈）の喪失にほかならない。単語が文脈の中で初めて生きた意味を持つように、人々も風土や社会にともに織りなされてのみ存在している。（略）しかし文脈の喪失の重大さは、事実としてそれがなくなったことではなく、人々が現に生きているに変わりがない文脈を、組織的に無視するようになったこと。その最も目につく

表れは環境破壊です」（「ニューウェーブ天皇論」『琉球新報』八六年四月一一日）

これに対してイリイチは、「これからはジェンダー論は長谷川さんに聞いて下さい」と、共感のエールを送ったという。たしかにこの長谷川発言は、イリイチと重なる部分がある。

しかし天皇讃歌とは、どうつながるのか。同記事によれば、長谷川はそれについて、「イリイチさんはどうすれば社会がきずなを持った有機体として機能できるかを模索している。それが私の天皇陛下への思いとつながります」と説明している。

これに対して、日本におけるエコロジカル・フェミニズムの創唱者とされる青木やよひは、「事情にうといイリイチさんの認識の甘さを長谷川さんが利用したのです。エコロジーは本来、すべての生命の対等な関係を超えた階層秩序を認めない。天皇制とは無縁です」と反論したという。長谷川三千子はイリイチやエコロジーの僭称者というわけだ。

しかし、もし青木がほんとうにこうした論理でエコロジーと天皇制のつながりを否定したのであれば、ちょっとまずい。なぜなら、青木がエコロジーについて述べた「すべての生命の対等な関係を超えた階層秩序を認めない」ということ、人間だけでなくすべての生命、さらには山川草木にいたるまで対等におくこと、それこそが天皇制とされているからだ。

たとえば、天皇制が日本の内外にもっとも暴威をふるっていた一九四一年、天皇制下の国民のあり方を示すために文部省教学局から出された『臣民の道』には、次のような一節がある。

「（我が国にあっては）即ち山川草木はすべて神の生み給うところであり、国民と祖を同じくするものとして、古来自然を単なる自然とは認めていない」。

つまり、「自然はこれを征服し利用すべきもの」とする「西洋近代思想」に対して、天皇制国家日本では、自然は人間と同じように「神」（イザナギ・イザナミの二神。天皇家の祖アマテラスはその子）によって生みだされたものであって人間と同列にある。したがって、自然に対しては、つねに「愛護」と「感謝」を捧げるべきだ、とするわけだ。

ここではやたら「神」が持ち出されるので、戦前日本の〝神がかり的非科学性〟として否定し去ることはたやすいが、これを自然の秩序、生態系といいかえれば、エコロジーとの腑分けはむずかしい。

これにまんまとひっかかって天皇制にとりこまれてしまったのが、戦前の農本主義者たちであり女性史研究家の高群逸枝であった。わたしが長谷川三千子にみたのは、この高群逸枝の亡霊である。

高群逸枝の「母なる天皇制」

高群逸枝は、『招婿婚の研究』『女性の歴史』等によって、日本女性史研究に大きな足跡を残したが、女性解放思想家としても特筆すべき存在である。そもそも彼女の女性史研究はその解放思想究明が目的だったという。

一九二〇年代高群は、英米流「女権主義」や「新女権主義」（社会主義解放論）を否定して「新女性主義」（のちに「母性主義」といいかえる）を掲げたが、これは女性の内なる自然――〈産む性〉

を中心にすえた解放論であり、いまでいうエコロジカル・フェミニズムの先駆といえる。それが一五年戦争の拡大とともに天皇讃美に結びついていったことは、すでにさまざまなところで明らかにされている。(1)なぜ高群のエコ・フェミニズムが天皇制に収れんされたのか、それについては最近、山下悦子によって、その内的メカニズムに精緻な分析が加えられている。(2)

不勉強きわまりない私には、バタイユや浅田彰、柄谷行人等の諸論を駆使しての山下の論理展開を理解しきれているかどうか心もとないのだが、私なりの読みとり方でいえば次のようになる。

高群の女性史研究は本居宣長の『古事記伝』から出発したが、高群のエコ・フェミニズムには「男性（父）＝西洋＝強権、女性（母）＝日本＝愛」の図式化がある。これは必然的に宣長のいう"からごころ〟〝さかしらごころ〟を排した原日本的世界に結びつく。そこでは「御祖」＝「母」とする女性原理が生きており、それは自然観にもとづいている。この「自然」は、「自ずからなる事実」であり「自然＝生成としてあらわれる制度性」を肯定する。したがって母＝自然＝制度性は、「母なる天皇制」に結実する。

この「母なる天皇制」は、恐慌によって農村共同体の〝母の懐〟を失った民衆のルサンチマンを吸収して浅田彰のいう「無頭のカオス」（無方向の混とんたるエネルギー？）を生みだすが、これは一五年戦争下、たえざる「外部」、つまり敵の設定によって求心力を発揮し、その結果中心をなす「母なる天皇制」は、「男根的母性」の相貌をむきだしにして、「暴力とテロリズム」の「軍国の母」となる――。

この山下の論によって、高群の「母なる天皇制」の埋葬はほぼ終った――と思ったところへ長谷川三千子である。

さきに引いた「天皇陛下御在位六十年奉祝国民の集い」における長谷川発言、これはまさに「大御心（天皇の心）＝母心」とする「母なる天皇制」論だ。しかもこれを、さきの新聞記事は、「ニューウェーブ天皇論」というのだから恐れ入る。最近長谷川が刊行した『からごころ』（中公叢書）をみても、彼女の「母なる天皇制」論が、本居宣長を下敷きにしていることは明らかだ。なにが「ニューウェーブ」なものか。

生きつづける「母なる天皇制」

このことは、戦後の天皇制批判の欠落の結果でもある。

戦後の天皇制批判には、大まかにいって二つの筋があった。一つは、差別的階層社会の元兇を天皇制にみる「家父長制」的天皇制論。もう一つは、それと関わっているが軍事的侵略と国内反体制派弾圧をこととする「軍事的・警察的」天皇制論である。いずれも戦前天皇制の実態に即した当然の批判である。

しかし、こうした〈男権〉的実態とはうらはらに戦前天皇制も、タテマエとしてはあくまで高群的「母なる天皇制」である。さきの『臣民の道』にもあるように、草木鳥獣まで含めたすべての生命を「一視同仁」、慈しみ育むのが天皇である。したがって外国に対しても強権でもって侵略するなどはあり得ない。異国の民のおのずからなる「まつろひ」「帰依」を促すのが日本の天皇制であった。

こうしたタテマエとしての「母なる天皇創」が、たんなるタテマエとしてだけでなく、日本民衆のなかに内面化されていたからこそ、戦後天皇制は、すんなり「平和と民主主義」の象徴天皇制に衣替えすることができたのだ。

敗戦直後の一九四五年一一月二一日、NHKでは、天皇制存続の是非をめぐって放送座談会を組んだ。ここで「軍事的—警察的」天皇制論によって天皇制廃止を唱える共産党徳田球一に対して、「天皇制護持」派の清瀬一郎、牧野良三はともに、「天皇制の本質＝平和的民主的」論で対抗する。

「日本天皇制の本質といふならば、一つは平和的であるといふこと、戦争をして事を片づけることは天皇制の反対です。もう一つは民を第一にする。仁徳天皇が『民の富めるは朕の富めるなり』と仰せられた。全く民本的です。これが天皇制の本質です」（清瀬）

ここでは、タテマエとしての「母なる天皇制」こそが天皇制の本質であり、戦中の「軍事的・警察的」天皇制は、軍部・官僚・右翼の連中が悪用した結果だとされる。つまり虚像と実像が逆転し、実像の方が「天皇制の本質」からの逸脱・僭称として否定されるのだ。

放送後の世論調査によれば、圧倒的多数の国民の支持は、こうした清瀬説の方に集まっている。他にもこれに類する発言は多い。あれだけ被害を受けてなおこうした天皇制支持が強かったのは、戦前の〈男権〉的天皇制と表裏一体をなす「母なる天皇制」が民衆の幻想をすくい上げていたからだ。

こうした民衆の幻想に依拠して「母なる天皇制」は、敗戦によっても無傷で救い出され、象徴天皇制として生きつづけた。そしてこれに対して、最近に至るまでほとんどきちんとした批判がなされることもなかったのだ。

それはたぶん、〝日本の男〟たちには「母なる天皇制」の危険性がよくみえなかったからだろう。またこれまでは、戦前天皇制の「男権」内実態を明らかにして天皇の戦争責任を云々すれば、ある程度まで天皇制批判は可能だった。あの戦争への嫌悪と、「天皇陛下の御為に」と死を強制された記憶が、かなりの民衆のあいだに共有されていたからだ。

しかし長谷川三千子の登場は、そうした時代の終りを告げている。この戦無派女性は、ケロリとして「大東亜戦争」を肯定し（「大東亜戦争『否定』論」『からごころ』所収。これは「大東亜戦争」否定といいながら、林房雄の『大東亜戦争肯定論』を全面肯定し、憲法九条改正を示唆している）、「母なる天皇制」讃歌をうたい上げる。

長谷川三千子の論理自体を論破することはたやすい。というよりはとっくに破産したはずの論理の焼き直しにすぎない。『からごころ』にあつめられた諸論や、一昨年物議をかもした「『男女雇用平等法』は文化の生態系を破壊する」（『中央公論』八四年五月号）をみても、論理構造はまことに単純、「日本人」を超歴史的に一元化してとらえ、「からごころ」対「やまとごころ」、西欧対日本の図式化である。この点でも高群逸枝の亡霊なのだ。

ただ彼女の「からごころ」のとらえ方は、「善悪是非」を言いたてる「さかしらごころ」（主知主義）としてではなく、それが「からごころ」であることにすら気づかない「無視の構造」であり、それが外圧に当って日本を救った、とする点に〈新しさ〉がある。しかし、こうした反ロゴス的無自覚の「からごころ」こそ「やまと魂」と表裏一体として、西欧的ロゴスに対置するのだから、結局高群の図式と同じことになる。

また長谷川は、「『国際社会』の国際化のために」（同）で、英語の「インターナショナリゼーション」と日本語の「国際化」のニュアンスのちがいについて述べている。つまり、「インターナショナリゼーション」が、欧米諸国の植民地分割競争のなかから生まれた「○○を国際化する」という他動詞であるのに対し、その訳語であるはずの「国際化」が「自ら国際的になる」という自動詞的使われ方をしているということだ。これは着眼点としては非常におもしろい。

しかし、その自動詞的「国際化」を大国日本の「王道主義」として評価するとき（「大和心と漢心」『Voice』八六年九月号）、かつての「八紘一宇」とまったく同じ構造になる。

戦時下に高唱された「八紘一宇」は、日本の外からみれば明らかな侵略の論理であったが、日本国内においては、かえってそれは「和の精神」にもとづく〈愛〉の論理であった。つまり「八紘《あめのした》を掩《おほ》ひて宇《いえ》と為せむ」は、『国体の本義』によれば家族国家日本の「和の精神」が世界に拡充せられることであった。

したがって「侵略する」「征服する」といった他動詞ではもちろんなく、自動的な浸透・拡大である。もしこの浸透・拡大をせきとめるものがいれば、「同化」する。この「同化」も日本の「和の精神」からみれば、けっして「○○を同化する」という他動詞ではない。長谷川のいう「国際化」と同じく「○○に同化する」である。

これはまさに長谷川のいう他者を他者として認識しない「無視の構造」である。この「無視の構造」によって中国民衆の他者性を無視したからこそ、〈英米思想に血迷った放蕩息子・蒋介石に愛の鞭を加える〉という論理のもとに二千万ともいわれる中国の民衆を殺すことができたのだ。

対象認識のない「和の精神」に満ちた自動詞的世界ほど、はた迷惑なものはない。それはまた、自らのうちをも腐敗させる。他者から照射されることによって、自らを更新・再生する契機をまったくもたない、閉じたシステムだからだ。

日本人が敗戦によって学ぶべき一番大きなことは、このことだった。あの一五年戦争を「侵略戦争」と子どもたちに教えるのは、たんに歴史的事実の伝達としてだけでなく、この自動詞的世界観の転換を促すうえでも意味のあることだった。しかし、さきごろの「教科書問題」にみられるように、「侵略」は自動詞の「進出」にかえられ、いままた長谷川三千子は、自動詞的「国際化」を称揚する――。

残飯がふっとばした幻想

つまるところ長谷川三千子は、四〇年前に葬り去られたはずの戦中イデオロギーを、ちょっとばかり切り口を目新しくして、美文にくるんで差し出しているだけだ。これが「ニューウェーブ」としてもてはやされる戦後四〇年の現在を思うと、気は滅入るばかりだが、その「母なる天皇制」だけは、しっかり見すえておかねばならない。

長谷川三千子の「母なる天皇制」を、具体的事実に照らして外側から批判することはたやすい。長谷川は、「母なる天皇制」発見の契機をつぎのように語っている。

「ある時、台風が東京をそれて九州に上陸した。お付きの者がよかったと言い合っていると陛下は九州はどうだったか、と案じておられたと雑誌で読み、目の前が開けました。陛下はわれわれの一人一人を気遣って下さる。陛下のおられる限り日本に見捨てられた者はいないと」

これを、じょうだんじゃないと否定することは簡単だ。台風がそれたとき天皇が「九州はどうだったか」と言ったかもしれない。しかしそれがどうして「われわれの一人一人を気遣って下さる」ことになるのか。天皇に一億二〇〇〇万の国民の一人一人なんて、みえているはずはない。

「陛下のおられる限り日本に見捨てられた者はいない」というなら、山谷や寿町で暴力団に搾取されている人たちはどうなんだ? 子どもの自殺が相つぐのはどういうわけなんだ? 交通渋滞をよそに都心の一等地に広大な居をかまえ、たった二二人の皇族のために年間二三〇億円もの国民の税金をつかって平気でいるのはなぜなんだ?

こうしたかたちで具体的に一つ一つ事実をあげ、「大御心＝母心」の虚構を暴いていくのはむずかしくない。そしてある程度の有効性もある。

敗戦の翌年、一九四六年五月一九日、皇居前で行なわれた食糧メーデーに二五万の大衆が集まったのは、「朕ハタラフク食ッテルゾ、汝臣民飢エテ死ネ」を事実によって知った民衆の、怒りの表現でもあった。つまり、その一週間前の一二日、飢えた民衆は世田谷の戦災者住宅で集会を開き、終了後皇居に押しかけて皇居内の台所を見学した。そこでゴミとして捨てられていた残飯に、民衆の怒りは一挙に噴出した。

白い飯粒が点々とついている厚いダシ昆布に、身のたっぷりついた魚の中落ち——。いまではまさにゴミだが、当時の民衆にとっては大変なご馳走だ。それを無造作に捨てているのが天皇家の台所なのだ。

「毎日栄養失調で死者の出ている部落と、いまだに雲の上の生活と……、よく無神経でいられるものです。おこるのは当り前、おこらない人はどうかしています」（潮地ルミ「宮城のダシ昆布」『銃後史ノート』復刊七号）

当時の衝撃をこう語ってくれた女性は、じつは敗戦の詔勅を聞いて、わざわざ疎開先から上京して皇居前の玉砂利に土下座した〈皇国女性〉だった。皇居の残飯は、そうした女性の天皇幻想をも、一挙にふっとばしてしまったわけだ。

特高警察の資料をみれば、あの戦中においても、生活者である民衆の現実感覚は、「大御心」の虚構性などとっくに見破っていたことがうかがえる。現在でも、こうした具体的事実の呈示によって、生活者の現実感覚に訴える方法が有効性をもたないわけではない。

しかし、時代が幻想を求めているとき、民衆のあいだに無意識の〈不安〉が蓄積し、出口を求めているとき――、こうした外側からの批判だけでは歯がたたない。やはり内側から食い破っていく論理が必要だ。

そのとき気をつけなければならないのは、エコロジーやエコ・フェミニズムまでいっしょに葬ってしまわないようにすることだ。それらが「母なる天皇制」に通底する要素をもっていることはたしかだが、しかし、この息苦しい〈近代〉のかなたを模索するにあたっての意義まで否定してしまいたくはない。

したがって、「母なる天皇制」の内在的批判は、エコロジーやエコ・フェミとの間に明確な境界をたてることでもある。そのためには、長谷川三千子の「母なる天皇制」とは何なのか、高群のそれとちがうのかちがわないのか。またそれが、二一世紀的高度情報資本主義国日本にどういう意味を持つのか。これらがまず明らかにされる必要がある。

〈眼差し〉の天皇制

長谷川三千子の「母なる天皇制」における「母＝天皇」は、〈慈母〉としてのそれではない。天皇は国民を「慈しむ」とはいわず、母の如く「かなしむ」という。

この「かなしむ」「かなしみ」は微妙である。さきの新聞記事の見出しは「母性的な悲しみの像」となっていたが、これはちがう。「悲しみ」であり「哀しみ」であり、「愛しみ」でもあり、そしてじつは、そのいずれでもない。

さきの長谷川の「国際化」にならっていえば、この「かなしむ」は他動詞だろうか、自動詞だろうか。文法的にいえば「○○をかなしむ」という他動詞だが、「慈しむ」「愛する」等にくらべて格段に、対象への積極性をもたない自動詞的なことばである。

したがってこの「母なる天皇」は、能動的救世主でないのはもちろん、民衆の〈苦〉を一身に背負うことによって救いをもたらす受動的救世主でもない。受動態が成立するのは、あくまでも他動詞の世界だからだ。

長谷川のいう「かなしみの天皇」は、ただじっとそこに存在して、「善人も悪人も、名のある者も無い者も、金持ちも貧乏人も、それどころか天皇陛下を敬う者も或は畏れ多くも敬わない者も、全て等しく見守り『かなしみ』の目でもってしっかり見ていて下さる」（長谷川）――つまり、たんなる〈眼差し〉だ。この〈眼差し〉があることによって日本国民は「浄め」られ、堕落の渕から救われると、長谷川はいうのだ。

たぶん宗教というものには、現世利益中心の新興宗教はべつとして、こうした〈眼差し〉幻想がはらまれていると思うが、それを天皇という血肉を持った一人の人間に象徴させ、国家の制度として確立するのが長谷川の「母なる天皇制」だ。ここでは高群のそれにあった積極的受苦者としての自己犠牲的天皇は、より象徴天皇制に適合的な、たんなる〈眼差し〉にまで抽象化されている。

この〈眼差し〉の制度化としての「母なる天皇制」は、二一世紀に向けての情報資本主義国日本に非常に適合的システムであり、それを肯定・補強するものである。

もともと「母なる天皇制」は、日本的自然観にもとづく現状肯定のイデオロギーだが、それは長谷川の〈眼差し〉天皇制にも色濃くある。「善人も悪人も、名のある者も無い者も……全て等しく見守り……」という長谷川の発言は、宣長のいう「善悪是非」によって差別化する「さかしらごころ」を排した「やまとごころ」そのものだが、これは、柄谷行人が『批評とポスト・モダン』でいっているという「自ずから成る事実」、「生成の制度化」としての自然観にもとづいている。ここでは、山川草木を含めて存在するものすべて、「もの」だけではなく「こと」も含めて現に在る「物事」はすべて肯定される。ここからは、現状変革の意志など生まれようがないのだ。

高群逸枝は、この日本的自然観の〈現状肯定〉に苦しんだようだ。一九三一年に森の家にこもるまでは、彼女はアナキスト、女性解放思想家として現状に鋭い批判を加え、その変革をこそ目指していたのだったから、『古事記伝』の世界に没入してのちも、その自然観がはらむ残酷さに苦しんでいる。

「森の中は平和だったが、また、残酷劇の世界でもあった。茶の間のお縁の下をのぞくと、蟻地獄の穴がならんでいて蟻がすべり落ちると、静まりかえっていた穴の底がとつぜん動いてたちまち蟻は魔の手にだきこまれて土の中に沈んでしまう。（略）百舌鳥がたべたらしいかれんな青い鳥の羽がちらばり、食いのこしの小さな頭がいたましくころがっていたり、蛙の生ま身が枯れ枝につきさされているのをみたりすることもある。雛をつれた小寿鶏を猫めが追っかけていることもあり、夜は樹の上に眠っている鳥たちを蛇がおそうのか時ならぬ悲鳴をきかされたりする」(『火の国の女の日記』)

もしもエコロジーに共鳴するひとが、自然を平和な世界とみているとすれば、それはとんでもないまちがいだ。自然は弱肉強食の支配する残酷劇の世界である。

しかし高群は〈愛〉の名によってこの残酷劇を肯定する。

「愛とはゆるすことではなく肯定することだ、と私はこの森の住民たちを観察して思った。百舌鳥や蛇や蟻地獄たちの残虐行為はけっして私にはゆるせない。(略)しかし、人間をも含めて、すべての生命は、他の生命をおびやかすことなしには生存しえないことが肯定される。だからもし私が、それらのもろもろの生命たちを愛するというのならば、つまり、それらの生命たちの残虐行為をも含めて肯定する以外にないのだろう」(同)

つまり高群は、「ゆるせない」という現状否定と宣長的自然観による肯定のあいだの矛盾に苦しんだあげく、「愛」=その制度化としての「母なる天皇制」によってそれを止揚したわけだ。

長谷川三千子は、こうした苦しみとはもともと無縁である。そして有機的で生臭さのつきまとう「愛」のかわりに、無機的で透明な「かなしみ」を持ち出す。高群の「母なる天皇制」が戦前の泥くさい後発資本主義国日本が生みだした幻想とするなら、長谷川のそれは、物の手触りを稀薄化する一方の情報資本主義に見合うものだ。

その〈眼差し〉は、現に在るものをただうつし出すテレビ画面のようなものだ。そこにどのような非道や残酷がうつしだされようと、まばたき一つしはしない。

それでも、この〈眼差し〉にとらえられることによってしか、自己確認ができないような民衆状況はある。進行する情報化社会は、たえずそれを拡大再生産している。そのなかで人と人、人とものの有機的関係を失って浮遊する人びとにとって、この〈眼差し〉にとらえられ、〈日本人〉というピンで止められることは、一つの〈安心立命〉である。

長谷川のいう「かなしみ」の詐術にひっかかった人びとは、その無機質の〈眼差し〉に、人間的な「悲しみ」や「哀しみ」「愛しみ」を幻想するだろう。

そもそも、「自分のために泣いてくれる人がいる」は、日本人に多い最後の自己確認のあり方だ。高群の時代においては、その「泣いてくれる人」の最後の拠り所は、現実の母だった。だから特攻隊の若者たちは、きまってその遺書に、「どうかお母さん、泣かないで下さい」と書いたのだろう。それは戦前の家父長制のなかで、ただ泣くことでしか自分を表現できない母の姿を見て育ったからでもある。

しかしいまや、母たちは（幸いにして）ただ「泣く母」ではない。現実の母に、「泣いてくれる人」を期待できなくなったとき、「かなしみ」の天皇制が、ひとびとの幻想を誘うことはないだろうか。

もしそうなれば、ひとびとは昆虫採集の標本のように、一人ひとり現状肯定の〈眼差し〉によって止められ、日本国家の枠に固定される。さきに引いたように長谷川は、「どうすれば社会がきずなを持った有機体として機能できるか」を、「母なる天皇制」とイリイチの共通性としてあげた。

たしかに〈眼差し〉の国家制度、「母なる天皇制」をおくことで、「社会」ではなく国家は、一個の有機体となる。ひとびとは、精密な有機体の極小の部品である自らの現状に不満を抱くこともなく――抱いたとしても〈眼差し〉によってただちに解消され――したがって国内からすべての雑音は消え、国家は、静かな「和」の世界として自動運動をはじめる。

たぶん、長谷川の「母なる天皇制」は、浅田彰のいう「無頭のカオス」を生むことはないだろう。ファシズムが革命と紙一重の「祝祭空間」を伴うとすれば、これはファシズムではない。しかしファシズム同様、いやそれ以上に冷酷ななにかだ。

たぶん田川建三が『クライシス』の対談[3]でいうように、高度情報資本主義国日本の「八紘一宇」は、すでに完成しているのだろう。この「八紘一宇」を維持・拡大するにあたってカオスはいらない。必要なのは、その内外におけるノイズ（異端）を消去するために、眉ひとつ動かさず大量殺りくのボタンを押す冷静な部品だ。

長谷川三千子の「かなしみの天皇」制がもたらすものは、こうした酷薄な「和」の世界である。

さて――、この「母なる天皇制」とエコロジー、エコ・フェミニズムをきっちりと分かつ境界はあるのかないのか。

私は、ある、と思う。しかしすでに紙数はつきている。ポイントだけ記しておこう。

1　長谷川がイリイチとの共通性として述べた「きずなを持った有機体としての社会」、これを「国家」から奪還できるかどうか。

2　「自然」を予定調和的平和な世界としてでなく残酷劇の世界ととらえた上で、それを現状否定の論理に転化できるかどうか。

3　女の〈内なる自然〉＝〈産む性〉を、〈近代的自我＝自己同一性〉のアンチ・テーゼとしてでなく、体内の〈他者〉によって自己を異化する自動詞的世界解体の論理にできるかどうか。

注

（1）加納「高群逸枝と長谷川テル」（『思想の科学』一九七四年一〇月号）のちに『女たちの〈銃後〉』に収録、鹿野政直・堀場清子『高群逸枝』朝日新聞社、一九七七年他

（2）山下悦子「高群逸枝の母性主義と天皇制」（『クライシス』二五号）「カオスの噴出―天照大御神と高群逸技」（同天皇制臨増号）、「高群逸枝『母系制の研究』と本居宣長」（『挑戦するフェミニズム』社会評論社）

（3）「ヒロヒトの六〇年と民衆の六〇年」（『クライシス』天皇制臨増号）

（原題「〈眼差し〉の母なる天皇制」『クライシス』二八号、一九八六年夏）

「父なる天皇制」と「母なる天皇制」

引き裂かれた天皇制論

ここに、二人の女性によるまったく相反する天皇制論がある。

「わたしを抑圧するもの支配するもの、わたしの上に日夜君臨している、絶対の権力者を感知していた。それは父親である。家父長制が天皇制の直系である事は、戦後になって教えられたのであって、戦前のわたしには、そんな知識のカケラもなかった。しかしわたしは、父を、はっきり天皇制として感じていた。この場合の天皇制とは、自分が欲したのでもなく、認めたのでもない人間が、自分に対して絶対の支配力をもつという意味である」

「母親とは何かと申しましたならば、これは子供をかなしむ存在である、と申せましょう。（略）そういう母親のかなしみなど、とても及びもつかない広さと深さでもって、私共国民ひとりひと

りを本当に深いところでかなしんで下さる方がいらっしゃる。私はそれが天皇陛下であらせられると思います。（略）
その澄み透った『かなしみ』でもって、天皇陛下が私達国民一人一人を見守って下さって、そして日本全体を見守って下さっている。それがあったからこそ、戦後、瓦礫の中から、私共が本当にまっすぐに前を向いて歩み始めることができたんだと思うのでございます」

前者は、駒尺喜美の「女にとっての天皇・家父長の姿」（『女性と天皇制』思想の科学社　一九七九年）の一節。駒尺は一九二五年生れ。法政大学で日本文学を講ずるかたわら、『魔女の論理』等フェミニストとしての著作も多い。後者は、埼玉大学助教授長谷川三千子の「天皇陛下御在位六十年奉祝国民の集い」での発言。彼女は一九四六年生れ、来日したイワン・イリイチと、ジェンダー論をめぐって意気投合したという哲学者である。

駒尺は父に「天皇」を見る。そして、父が「天皇」として君臨する家族のありかた、「家父長制」を、女性差別の根源とする。この場合の「天皇制」は、差別と抑圧のシンボルであり、また「家父長制」を生み出した点でも自明の悪とされている。こうしたかたちで、父、あるいは家制度の抑圧を天皇制に重ね合せ、反天皇制をいう女性は多い。

それに対して長谷川は、天皇に「母」をみる。この「母」は、平等と融和の象徴である。前者を、仮に抑圧的「父なる天皇制」論とすれば、後者は、融和的「母なる天皇制」論ということになろう。

この「母なる天皇制」は、「母」と「天皇」の二重のシンボル操作によっている。つまり「母」を融和と平等の象徴と見たうえで、純化された「母」を天皇にみているのだから、いうならば〈幻想〉の二乗である。

こうした「母なる天皇制」幻想は、戦前の、天皇が権威と権力を一身に兼ね備えていた時代にもあった。そして敗戦後、天皇が、戦争責任追及や「天皇制廃止」の声をかわして「象徴天皇」として生きのびることができた要因にもそれがある。

「日本天皇制の本質というならば、一つは平和的であるということ。戦争をして事を片づけることは天皇制の反対です。もう一つは民を第一にする。仁徳天皇が『民の富めるは朕の富めるなり』と仰せられた、全く民本的です。これが天皇制の本質です」

これは敗戦直後の一九四五年一一月、天皇制廃止をめぐる放送座談会での清瀬一郎の発言である。彼は、「平和的」「民本的」という「母なる天皇制」論で、天皇制を擁護した。それは清瀬だけでなく、大方の擁護論者に共通するものだった。

そしていま、「母なる天皇制」は「ポスト近代」の思想潮流とある種の共鳴現象を起こしつつ、戦後世代のあいだにも一定の支持を得ているようにみえる。長谷川三千子も、「きわめて一元的な価値体系をもつロゴス主義を特徴とする西欧文化」を普遍的価値とする「文明の帝国主義」を問い直すために、「母なる天皇制」の意義をみているのだ（長谷川「亡霊より愛をこめて」『クライシス』二九号　一九八七年）。

そこにある西欧近代の「自我」や「ロゴス主義」といった「父性原理」否定は、エコロジーやフェミニズムの新しい潮流、つまり、女の〈産む性〉という身体の自然性を基軸にすえた女性解放論、エコロジカル・フェミニズムとも共通基盤をもつ。天皇制を「母なる天皇制」とみれば、差別と抑圧どころか、女性解放のシンボルということになるのだ。

差別と抑圧の「父なる天皇制」と、平等と解放の「母なる天皇制」——。

女性解放にとって天皇制は、この真向から対立する二つに引き裂かれている。なぜこんなことが起こるのか。それを考えるために、明治国家がつくりだした「父なる天皇制」の実態を、その成立以前にさかのぼって検討してみよう。

「父なる天皇制」の成立

一八八一（明治一四）年、自由民権運動の高まりのなかで国会開設の詔が出された。それにともなって、壮士たちのあいだでは天皇制国家体制のありかたをめぐって議論が沸騰したが、そのなかで、西の立志社と並び称される東の政治結社の雄、嚶鳴社では、「女帝を立るの可否」、つまり「女天皇、是か非か」論争がはなばなしく展開された。

古来女帝が存在した日本の伝統や、男女平等の世界的気運を理由に女帝を認めるべきだとする意見に対して、嚶鳴社のリーダー沼間守一、島田三郎らは、「断固女帝不可」の立場に立った。その理由は、沼間の論によればこうである。

「我が日本現今の社会に於いては夫妻いずれをか尊しとす。夫に柔順なるを妻の美徳となすは何の為なりや。けだし夫を第一流とし妻を第二流に置くが故なり。（略）然るに女帝を立るとせんか、全国の人皆まさに言わんとす。我陛下は至貴至尊なり。然れども此至貴至尊の御身にして猶皇婿に柔順ならざるべからずと。是れ余輩がその尊厳に害ありとなす所以なり。（略）彼の諺言に腹は一時の借物とさえ言うにあらずや。もし然らば人臣にして女帝に配偶し参らせ皇太子を挙げ給う事あるも、天下の人心は皇統一系万邦無比の皇太子と見奉るべきか。余は畏る、人臣の血統皇家に混ずるの疑惑を来たし、為にその尊厳を害するなきやと」

（『東京横浜毎日新聞』一八八二年三月二六日）

つまり、現在の日本社会では、妻は夫に従うべきだとされているから、もし女が天皇になって結婚した場合、「至貴至尊」であるはずの天皇も臣下である夫に仕えるべきだとされてその権威が傷つく。また、一般庶民のあいだでは「腹は一時の借物」として母親を軽んじる風潮があるから、皇太子が生まれても、母親である女帝の血よりは臣下である父親の血の方を重視する。それでは万世一系の皇統とは見なされにくい、というわけだ。

近代以前の天皇制には推古天皇をはじめ八人一〇代の女帝がおり、皇位は女にもひらかれていたから、これは日本古来の天皇制の伝統を無視するものだった。しかし「王政復古」とは言いながら、明治維新によってかつぎだされた天皇制は、たんなる「復古」ではなく、あくまで近代国民国家の統合原理でなければならなかった。それは、のちに国権派の立憲改進党に合流する嚶鳴社の島田・沼間らにとっても同様だった。

そのためには天皇は、あくまでも「至貴至尊」、「万世一系」の権威あるものとして民衆に受け入れさせなければならない。したがって、男尊女卑の通念がはびこっている現状では、天皇は男子に限って、「我皇統に豪末の疑心を懐かしむべからず。万世一系の帝統たることを明白ならしむるを勉むべし」(沼間)というわけだった。

つまり彼らの「女帝不可」論は、あくまでも統治する側の立場に立って、天皇の権威強化のための政治的判断による。これは逆にいえば、当時の民衆に、天皇の権威がいかに根づいていなかったかを示すものだ。すくなくとも沼間らには、のちに明治憲法によって規定されたような「現人神」意識はまったくない。そして一般にもないという判断があったからこそ、その権威強化に躍起になったのだろう。

それは沼間らだけではない。生産基盤の継承と先祖供養を中心とする民衆の家永続の願いを「万世一系」のフィクションに集約し、皇室を「宗家」とする「家族国家」に統合する――これが近代国民国家形成の基本戦略であり、そのためには皇位継承から女を排除する方が得策との判断は、為政者のあいだに共通していた。したがって、この沼間らの主張は一八八九（明治二二）年に制定された明治憲法、および皇室典範で現実化し、いまにつづいている。

戦後「民主化」したはずの象徴天皇制下においても、女は皇位継承から完全に排除されているのは周知のことだが、これは帝国憲法第二条（皇位ハ皇室典範ノサダムル所ニ依リ皇男子孫之ヲ継承ス）、および同時に制定された旧皇室典範第一条（大日本国皇位ハ祖宗ノ皇統ニシテ男系ノ男子之ヲ継承ス）を、戦後もそのまま踏襲したためだ。そしてじつは、この皇室典範の成立に、このときの沼間守一・島田三郎の女帝否定論が大きな影響を及ぼしている。

皇室典範の原案として、一八八五年起草されたと推定される「皇室制規」では、男系を原則としながらも、「皇族中男系絶ユルトキハ皇族中女系ヲ以テ継承ス」と、女系にも皇位継承権を認めていた。にもかかわらず最終的には女系が排除されたのは、明治国家の法体系づくりに大きな役割を果たした井上毅の反対による。井上は、「皇室制規」に対する意見書「謹具意見」を提出したが、そこで彼は、この嚶鳴社の女帝論争を「深ク精緻ヲ究メタルノ論」と評価したうえで、沼間守一、島田三郎の女帝否定論を引用し、女系排除を主張している（『梧陰文庫刻陰』）。その結果制定された皇室典範では、皇位継承者を「男系男子」に限ることになったわけだ。

だとすれば、いまも続く女系排除の「家父長制」的皇室のありかたは、一八八二年の沼間守一、島田三郎の発言によって決定されたともいえる。そしてそれは、当時一般民衆のあいだにある男尊女卑意識を根拠とするものだった。とすれば、一般民衆における「家父長制」が、「家父長制的天皇制」を生み出したことになる。

皇室典範と家制度

しかし、この嚶鳴社の女帝論争当時、男尊女卑的「家父長制」は、沼間らがいうように民衆のあいだに定着していたわけではない。

たしかに彼らの属する士族のあいだでは、長男子相続が一般化しており、男尊女卑の風潮もしっかり定着していたようだ。しかし、人口の九割以上を占める「平民」の家庭では、地域によっては末っ子に相続させるところもあれば長女に伝えるところもあり、父系に統一されていたわけではない。また男尊女卑の風潮にしても、生産単位でもあった大家族における主婦は、家内管理責任者として家族成員全員にその権威を認められていたというから、「腹は一時の借物」として家督を伝える男子を産むための道具視された士族の妻とは、かなりちがう立場にあった。

一八九八（明治三一）年、天皇制国家の家族のありかたを規定するために民法が制定されたが、その制定過程において、長男子相続を主張する穂積八束らに対して、梅謙次郎は、一般庶民の相続のありかたの多様性を指摘した。これに穂積が、「百姓の慣習は慣習とすべからず。士族とか華族とかに則らねばならぬ」と反撃したのは有名なはなしだが、ということはつまり、明治二〇年代後半においても、「百姓の慣習」はまだまだ多様性をもっていたということだ。したがって、島田・沼間らが女帝排除の論拠として男尊女卑の「一般人民の情」をいうのは、客観的事実認識というよりは、士族である彼ら自身の主観の反映というべきだろう。

しかし、結局、彼らの主張どおり、武家的長男子相続を規定した皇室典範が制定され、「家父長制的天皇制」づくりがはかられる。そして一般家族のありかたを規定する民法も、この天皇ファミリーの「家父長制」的ありかたに合わせてつくられることになる。

この民法制定には、迂余曲折があった。明治政府が不平等条約改正の条件づくりのために、フランスの法学者ボアソナードを起草委員として民法制定に取り組みはじめたのは一八八〇（明治一三）年。「家父長制的天皇制」を規定した憲法および皇室典範が制定された翌一八九〇年に制定公布されている。ここでは皇室ファミリーの「家父長制的」規定とは異質の、個人や夫婦関係を重視するフランス法の精神がとりいれられていた。

ところがこれに、「民法出テテ忠孝亡フ」と穂積八束らが猛反対、実施見送りのまま延々と民法典論争が繰り返されることになる。この過程で、皇室典範との矛盾に直接言及されたことはなかったが、「祖先を崇拝する教、即ち民族の宗家たる皇室を奉戴して一国一社会を団結するといふ歴史に希なる法則を数千年の下に維持」することが穂積の基本姿勢であったから、当然「家族国家」の「宗家」たる天皇ファミリーのありかたと整合的なものでなければなるまい。

玉城肇は、この穂積八束の論を中心に論争をあとづけ、一八九八年最終的に制定された民法と皇室典範とのあいだにつよい関わりをみている。玉城は、民法が武家社会の家督相続制にならって「家」を単位とする長男子の独占相続制をとったのは、皇位およびそれに付帯する財産その他の権利を長男子の独占相続とした皇室典範との整合性をはかるためであったという。

「日本独特の家督相続制は、万世一系の皇室の継承のためには絶対に必要なのであった。というよりも、むしろ皇位の継承と維持、皇室の確保の必要からこそ、日本独特の家督相続制が規定され、それを根幹とした相続が行われなければならなかったのだということができる」(玉城『新版日本家族制度論』)。

つまり、明治民法によって定められた家族制度は、「其の小なる家が大なる国家の為の土台となる」(神戸正雄『相続税と家族制度』)よう、天皇を「家父長」とする「家族国家」のフィクションの基盤づくりのためであったということだ。

その結果、すべての国民は「家」に帰属させられ、「家」をつうじて国家に統合されることになった。その国家の代理人として家族を統率管理するのが、長男子を原則とする「戸主」である。「戸主」はつよい男権と親権を背景に、妻や娘を管理することができた。いま女性差別の根源としてフェミニストのあいだで問題になる「家父長制」は、日本の場合、近代天皇制国家体制の代理人としてこうしてつくられた戸主権強化の家制度をさす。

その意味では、冒頭の駒尺の文章にあるように、女を抑圧する「家父長制」は、まさに天皇制の直系といえるわけだ。

「良妻賢母」と上流幻想

しかし、そこにこそ「母なる天皇制」幻想の基盤があるともいえるのだ。

「父なる天皇制」とは、明治以後の近代国家形成にあたって、「万世一系の天皇」を「家父長」とする「家族国家」のもとに国民統合するために、フィクションとして創作されたものである。「万世一系」もフィクションなら、「家族国家」もフィクションだった。

また、このフィクションを下支えするために明治民法によって編み出された家制度も、民衆の生活実態からはかけ離れたものだった。その「家父長制」的ありかたは、もともと「百姓の慣習とすべからず」と、民衆家族のありかたを無視してつくられたものだったが、とくに民法が制定された明治三〇年代はじめは、松方デフレによる農村窮乏や急速に進められる資本主義化によって、生産基盤としての「家」は解体に向かっていた。都市には給料生活者の核家族がふえはじめる一方、「細民街」は農村の大家族解体によって流出したひとびとで膨張の一途をたどっている。

したがって「父なる天皇制」は、虚構のうえに虚構を重ねた、非常にあやういものだったというべきだろう。にもかかわらず、それは日本民衆の上に大きな支配力をふるった。とくに女たちには、そこでつくられた「家父長制」的家制度が、いまにつながる女性差別の根源として実感されている。フィクションとしての「父なる天皇制」、実態からかけ離れていたはずの「家父長制」が、そうした力を持ちえたのはなぜなのだろう。

おそらくそこには、〈共犯者〉としての「女の力」がある。もともと日本では、武家社会の「家父長」にしても、ローマ・ギリシャの奴隷所有者に起源をもつヨーロッパの「家父長」とは、かなりちがうものだといわれている。ヨーロッパの「家父長」が「個」として屹立していたのに対して、武家社会の「家父長」の支配は、「親方日の丸」を背景にした、あるいは血縁の「温情」を振りかざしてのものだったといわれている。

まして民衆家族においては、「家」が実体として壊れていく段階で、国家によって急に「家父長」に仕立てられたところで、にわかに権威を確立できるはずはない。

「父は永遠に悲壮である」――これは詩人萩原朔太郎のことばである。このことばから、権威と、それに伴う孤独を背負って、毅然として立つ父の姿が浮かび上ってくる。

しかし、朔太郎自身がこのことばに付した自註によれば、「毅然たる父」とはかなり趣きがちがうのだ。

「父はその家族や子供のために、人生の戦闘場裡に立ち、絶えず戦ってなければならぬ。その困難な戦ひを乗り切る為には、卑屈も、醜陋も、追蹤も、奸譎も時としては不道徳的な破廉恥さへも、あへて為さなければならないのである。だが子供たちの純潔なロマンチスムは、かかる父の俗悪性を許容しない。彼等は母と結託して、父に反抗の牙をむける。概ねの家庭に於て、父は孤独であり、妻と子供の連盟帯から、ひとり寂しく仲間はづれに除外される。彼等がもし、家族に於て真の主権者であり、真の専制者であればあるほど、益々家族は連盟を強固にし、益々子供等は父を憎むのである。」（『宿命』創元社、一九三九年）

ここには、否応なしに「家父長」のかみしもを着せられて世間の矢表に立たされ、家族の団らんから排除されて悲哀をかこつ〈人間的〉な姿がある。これが明治民法によって「にわか家父長」に仕立てあげられた父たちの、大方のホンネだったのではないか。

にもかかわらず、やはり父は「父」だった。娘にとって父朔太郎は、毅然としてそびえたつ「家父長」だった。『蕁麻の家』は、娘萩原葉子の自伝的小説だが、そこでの父（朔太郎）は、祖母や継母、娘たちやの女どもの修羅の巷から、一人超然と自分の世界に生きている。

これについては、冒頭に引いた駒尺喜美の「女にとっての天皇・家父長の姿」でみごとに分析されているが、主人公である娘（葉子）にとって、父は別格の高貴なる存在、洗面所でチラリとでも自分の顔を見てくれようものなら大感激。「意識の一点に私の存在を認めてくれたようであった。私は、それで満足した」。

なぜ父朔太郎は、じつはいじましくも人間的な部分をもちながら、娘の眼には超越的なものに見えたのか。

祖母や継母が「家父長」である彼に拝跪し、高みに祀りあげるからである。彼の部屋へは、その母である祖母もやたらに出入りせず、継母は、その座布団に他人がすわるとハラハラする。その繰返しのなかで娘は、父を別格の、高みの存在と認識するようになる。

日本近代における「家父長制」とは、民法によって規定された強力な戸主権という外からの枠だけでなく、それに率先服従するこうした女たちの内側からの力に支えられて、はじめて成り立っていた部分が大きい。

明治民法によってつくられた「家父長制」は、もちろん女を抑圧するものであり、とくに男以上の働き手であった女の経済的自立を奪うものだった。しかし一方では、それが女たちの上昇志向をくすぐるものでもあったことを見落としてはなるまい。「百姓の慣習は慣習とすべからず」として定められた民法は民衆の生活実体を無視するものだが、一方では、「上流」社会への同化幻想を誘うものでもある。

民法制定とほぼ同時に出された高等女学校令やおびただしい女訓書は、「家父長制」を支える「良妻賢母」づくりを目的としたが、それらにはつねに、皇族・華族・士族といった「上流」の女たちが規範として掲げられていた。その結果、「良き妻」「賢い母」であるまえに家の嫁であり、一人の生産者でもあった女たちは、「上流」幻想を煽られつつ、武家の奥方的「良妻賢母」の枠にみずからを押し込めていったのだ。

「母なる天皇制」へのすりかえ

そして、明治国家が創作した「家父長制的天皇制」も、「女」に支えられてはじめて成り立っていたといえる。「万世一系」神話づくりのために女帝を排除しながら、近代天皇制はつねに女神アマテラスを「皇祖」として強調し、権威の源泉としている。

明治維新にあたっては、「公方様」は知っていても天皇などは知らない民衆に、「此日本トイフ御国ニハ、天照皇大神宮様カラ御継ギ遊バサレタ所ノ天子様ト云フガ、ゴザッテ――」（長崎裁判書「御諭書」）と、豊穣神、太陽神としてのアマテラスに対する民衆の信仰に依拠して天皇をアピールした。その後も天皇は、つねに「皇祖」アマテラスを光背のごとくに背負っている。帝国憲法しかり、教育勅語しかりである。ここに「母なる天皇制」幻想が生み出される要因がある。

それがもっとも強化されたのは、昭和一五年戦争の危機の時代である。この時期、「家父長制的天皇制」は、まさに「軍事的警察的天皇制」として内外に暴威をふるったが、にもかかわらず、国内の一般民衆には、融和的「母なる天皇制」幻想がふりまかれ、かなりの効果をあげている。

昭和恐慌による生活破壊や戦争のなかで、「家父長制」的家制度は根幹から揺らいでおり、それにともなって「家父長制的天皇制」も、反体制運動の激化や国際関係の悪化等々、内憂外患にさらされていた。この危機を救うために持ち出されたのが「母」である。それまで「良妻賢母」として「家父長」を背後から支える役割を担わされていた「母」は、このとき「父」にかわって前面に引き出される。

一五年戦争開始以後、それも戦局厳しくなるにつれ、マスコミには「日本的母性」讃歌が氾濫するようになる。つまり、子供のためには己を顧みないという「無私」と「自己犠牲」を「日本的母性」の特徴とし、欧米の「自己中心的」母と対比して褒めあげたわけだ。太平洋戦争開始後の一九四二年六月、日本の大方の文学者を集めて大日本文学報国会が結成されたが、その初仕事は、『日本の母』編纂だった。四三年読売新聞社から刊行されたその本の巻頭には、佐藤春夫作詞の「日本の母を頌ふ」の歌が、楽譜つきで載っている。

「君と国とに捧げむと／子等をはぐくみはげまして／老の至るを知らぬなり／日の本の母ぞ畏き」

つまり、当時高まった母性讃歌は、結局は母たちにさらなる犠牲を強いるためであった。戦争による生活破壊と家族の死という犠牲に耐えさせ、それによって息子たちを「忠良な兵士」に仕立てあげさせる――。

それと同時に天皇制も、「父なる天皇制」から「母なる天皇制」へと、その価値付けの基軸を変える。それは、これまで「家父長」天皇の光背として、その権威を背後から輝かせていたアマテラスを前面に引き出すとともに、慈しみ・平等・和といった天皇制の「母性」的原理の高唱となってあらわれる。

一九三七年文部省が出した『国体の本義』は、天皇制イデオロギー強化に大きな役割をはたしたものだが、そこには次のように書かれている。

「畏くも天皇は、臣民を『おほみたから』とし、赤子と思召されて愛護し給ひ、その協翼に倚籍して皇猷を恢弘せんと思召されるのである。この大御心を以て歴代の天皇は、臣民の慶福のために御心を注がせ給ひ、ひとり正しきを勧め給ふのみならず、悪しく枉れるものを慈しみ改めしめられるのである」(傍点引用者)

天皇の「赤子」に対する慈しみは広く深く、悪人にまで平等に注がれるというわけだ。善悪是非によって選別せず、すべての子供をまるごと抱きとる無限抱擁の「母」を天皇にみる――。これは、さきの長谷川三千子にも共通している。彼女は言う。

「善人も悪人も、名のある者も無い者も、金持ちも貧乏人も、それどころか天皇陛下を敬う者も或いは畏れ多くも敬わない者も、全て等しく見守り――」(「天皇陛下御在位六十年奉祝国民の集い」での発言)。

父子関係の抽象性に対して、母と子のきずなは直接的具体的である。直接生まない父と子の関係は、父の「認知」によってはじめて成り立つが、母子関係は、生物的絶対性をもつ。「万世一系」の家の権威や、「神聖ニシテ冒スヘカラス」の「父なる天皇制」では、この内憂外患にあたっての国民統合力が不十分となったとき、「母」の直接性絶対性による統合がはかられたのだ。

それはまた、「侵略」を糊塗するうえでも有効だった。当時高唱された「八紘一宇」は、アジアのひとびとからみれば、まさに侵略の論理だったが、「母なる天皇制」からすれば、「我が国の和の精神が世界に拡充せられ、夫々の民族・国家が各々その分を守り、その特性を発揮する」（『国体の本義』）ということになる。もし武力を用いる場合があっても、「この武は決して武そのもののためではなく、和のための武であって、所謂神武である。我が武の精神は、殺人を目的とせず、活人を眼目としている。その武は、万物を生かさんとする武であって、破壊の武ではない」（同）

大正から昭和のはじめにかけて、女性解放論者、アナキストとしてするどい体制批判を展開していた女性史研究家の高群逸枝が、率先してこうした「母なる天皇制」の唱導者となったことはよく知られる。そして「元始、女性は太陽であった」と、日本の女性解放運動ののろしをあげた平塚らいてうも、一九四一年には「このごろになって、ようやく日本の国体のありがたさが感じられ、天皇陛下が天照大神の生き通しの神でいられることが首肯《うなづ》けてきた――」（「亡き父を偲んで」）というようになる。彼女の「元始、女性は太陽であった」には、天照大神はまったく無関係、あくまで女の「潜める天才」「自我」の覚醒を呼び掛けるものだったはずだが、このときの彼女は、「天照大神の生き通しの神」をいただく「母なる天皇制」に、「母系的共同体の象徴」（井手文子『平塚らいてう』）を見ていたのだろうか。

無限抱擁の抑圧

原発やら自然破壊やら、偏差値輪切りやらの現在の状況をみるとき、たしかに「母なる天皇制」はうつくしくみえる。生きとし生けるものどころか、山川草木まで「国民と祖を同じくするもの」

（『臣民の道』）として人間と同列に置くというのだから、ある意味では、エコロジーよりもエコロジー的といえる。また愛と平等の象徴としての「母」を基軸にすえる論理は、現資本主義社会での男女同権を目指す女性解放論よりは、奥行きのある豊かなものを感じさせる。

そうした論理に、「近代」の抑圧を越える可能性を見るにしても、なぜそれが「母なる天皇制」なのか。「母なる天皇制」だろうが「父なる天皇制」だろうが、天皇制は天皇制である。天皇を持ち出すかぎり、「日本国家」とその支配はつきまとう。いうまでもなくアマテラス神話は、征服民族としての天皇家の支配を合理化するために創作されたものであり、そしてそれに支えられた「母なる天皇制」は、その支配の危機のたびごとにもちだされている。

また、抑圧とは強権でもって抑えこむことだけをいうのではない。無限抱擁の「母」の胸に抱えこむことによって、主体形成の芽を抑えること、あるいは、自己犠牲的に献身することによって、批判的主体を内部崩壊させること、これらもまた抑圧である。しかも、抑圧する側、される側双方ともに、自覚されにくいだけに、いっそう始末がわるいともいえるのだ。

日本民衆が、「母なる天皇制」の無自覚の抑圧に無限抱擁されないためには、この、日本社会の「母」幻想をこそ破砕すべきなのかもしれない。

（原題「女性解放と天皇制――「父なる天皇制」と「母なる天皇制」」『叢論日本天皇制Ⅲ』柘植書房、一九八八年六月）

天皇の像をジェンダーで読む

はじめに――天皇の二つの顔

一九四五年八月一一日付け『ワシントン・ポスト』は、日本が天皇の地位保全を条件に降伏を申し出たことを大見出しで報じ、裕仁天皇の写真を二枚載せている（写真1）。一枚は束帯姿、もう一枚は白馬に跨がった「大元帥陛下」の写真である。束帯姿の方には The God、乗馬姿には The Caesar と説明が付いている。裕仁天皇は精神的支配者としての神と現世の支配者であるシーザーという二つの顔をもっているというわけだ。アメリカ人にとって、国民を熱狂的に戦争に駆り立てる天皇の威力は理解を絶するものだった。その秘密を『ワシントン・ポスト』は God と Caesar の一体化に求め、二枚の写真で表象してみせたのだ。政教分離、心身二元論に立つ欧米人にはわかりやすい説明である。

しかし日本国民にとって、必ずしも天皇はこの二つの写真では表せない。たしかに天皇は二つの顔をもっていた。その一つはこの写真の「大元帥陛下」である。この姿はしばしば新聞に登場し、

写真１　『ワシントン・ポスト』
1945年8月11日号

修身教科書の巻頭に掲げられ、〈絶対的力〉の表象として人びとに定着していた。しかしもう一つの〈神〉はどうだろうか。この写真は一九二八年一一月の即位の礼における裕仁天皇である。厳密に言えば、天皇の聖性は即位の礼に実施される神道儀式、大嘗祭によって保証されることになっている。しかしその二つはセットになっているから、この写真を現人神の表象といってよい。

確かに明治以前からの生き神信仰や戦中のファナティックな神格化により、民衆のあいだには天皇を超越的な存在とする認識があった。しかしその一方、戦中の特高資料に集積された「不敬」言動などをみると、天皇及びその一族をシモネタにして嘲笑し、その無為徒食ぶりを批判したりもしていて、必ずしも天皇を〈神〉として崇めてはいない。

それ以上に、「大元帥陛下」に対置されるべきもう一つの顔があった。三島由紀夫は、それを「慈母」だという。

「皇祖皇宗のおんみ霊《たま》を体現したまい、兵を率いては向うに敵なく、蒼生《たみくさ》を憐んでは慈雨よりもゆたかなおん方《かた》。
われらの心は恋に燃え、仰ぎ見ることはおそれ憚りながら、忠良の兵士の若いかがやく目は、ひとしくそのおん方《かた》の至高のお姿をえがいていた。われらの大元帥にしてわれらの慈母。勇武にして仁慈のおん方《かた》」(1)（傍点引用者）

ここにある「大元帥」は、「慈母」に対する「厳父」と読み替えることができる。三島にとって天皇はジェンダーで読み解くべき存在であり、両性具有の存在だった。

たしかに敗戦直後の天皇制論議を見ても、天皇のとらえかたには両極端の違いがある。たとえば一九四五年一一月二一日の放送座談会「天皇制について」において、「獄中一八年」の共産党員徳田球一は、天皇制を「国内に於ては警察的弾圧、国外に対しては軍事的侵略を逞《たくまし》うして、我々を塗炭の苦しみに陥れた」元凶とする。(2)

それに対して弁護士の清瀬一郎は、天皇を「国民の宗家」とし、「日本天皇制の本質というならば、一つは平和的であるということ、戦争をしてことを片づけることは天皇制の反対です。もう一つは民を第一にする。仁徳天皇が『民の富めるは朕の富めるなり』と仰せられた、全く民本的です。これが天皇制の本質です」という。天皇制は本来「平和的民本的」であって、徳田のいう「軍事的警察的」ありようは軍部や官僚が天皇を悪用した結果にすぎないというのだ。放送終了後、聴取者に賛否を問うたところ、圧倒的多数がこうした認識にもとづく清瀬らの天皇制擁護論を支持している。(3) 新聞の投書をみてもこれに類する発言は多い。

この「平和的民本的」天皇は三島のいう「慈母」に置き換えることができるだろう。それに対して徳田は「厳父」説である。戦時下において天皇は「厳父」と「慈母」というジェンダー化された二つの顔をもっていたことになる。

それはどのようにして形成されたのだろうか。京都の住民はべつにして、日本人の大方は明治維新を迎えるまで天皇など知らなかったから、「厳父」にしろ、「慈母」にしろ以後の情報操作によってつくられたものである。ここでは天皇の肖像写真(御真影)と新聞写真という視覚情報を手がかりに、天皇の二つの顔のつくられ方を検討する。

御真影と〈厳父〉の誕生

明治初年、天皇をアピールするにあたって政府は、その権威の根拠を「天照皇大神宮様ノ御子孫」にもとめた。(4) そして「一尺ノ地一人ノ人民モ、ミナ天子様ノモノニテ、日本国ノ父母ニマシマセバ」といった具合に天皇と国民の関係を親子関係になぞらえた。(5) 一八六八(慶応四)年の宸翰において、天皇が自らを「億兆の父母」と称しているのにならってのことだろう。

ここで注意すべきは「父」ではなくて「父母」であることだ。江戸期の育児書をみると、多くの場合父母は父母として一括され、父と母の役割分担は明確ではない。とうぜん〈厳父〉〈慈母〉といった区別はない[6]。その意味ではジェンダー不在の感がある。

明治政府は、まずはこうした民衆になじみ深い父母観に依拠して天皇の売り込みをはかった。しかしこのとき、天皇睦仁は、「日本国ノ父母」というにはあまりに幼い一五歳の少年だった。しかも後宮の女の世界で育った彼は髷を結い、白粉で化粧していた[7]。ジェンダー不在どころか、女性性に染め上げられていたわけだ。

そうした天皇を、近代国家の元首として民衆に見せるわけにはいかない。したがって天皇はずっと隠蔽されたままだった。東京遷都にともなう東幸や一八七二（明治五）年から一三年間にわたって実施された地方巡幸は、新たな支配者としての天皇のお披露目儀式であったが、彼自身は鳳輦や御簾の奥に隠され、民衆が見ることができたのはその壮麗な隊列だけだった。しかしそのことで、かえって神秘性と威厳を感じさせることになっている。

写真2　御真影の明治天皇

一般民衆に天皇が見えるものとなったのは、一八九〇（明治二三）年、いわゆる御真影の配布によってである。そこでの天皇はいかめしい海軍礼装に身を固め、眉は真一文字、みごとな口髭に顎鬚までたくわえていた（写真2）。〈厳父〉としての天皇イメージはこの写真によってつくられたといっていい。

しかしこの写真は生身の天皇を撮影したものではなく、イタリアの画家キヨッソーネ描くところの肖像画を、写真に撮ったものである。(8) 明治天皇が極端な写真嫌いだったためというが、おかげで理想的な君主像に仕上がった。

それはキヨッソーネの創作とだけはいえない。廃藩置県によって天皇中心の国家づくりが確定した七一(明治四)年以来、天皇は女性性払拭、男性性獲得のために努力を重ねた。その最初が服制改革である。和装から洋装へ、それも軍装を天皇服として採用したのだ。その詔にいう。

「神武創業、神功征韓ノ如キ、決テ今日ノ風姿ニアラズ。豈一日モ軟弱以テ天下ニ示ス可ケンヤ。朕今断然其服制ヲ更メ、其風俗ヲ一新シ、祖宗以来尚武ノ国体ヲ立ント欲ス(9)」

衣冠束帯の「今日ノ風姿」を「軟弱」とし、「尚武ノ国体ヲ立」てるために率先洋服に改めるというわけだ。そして髷を切って断髪にし、乗馬術を鍛え、七二年以来陸軍始(一月八日)、海軍始(一月九日)等に観兵式を行い、陸海軍演習への行幸を定例化した。こうして「大元帥陛下」のパフォーマンスが確立する。

しかしそれを直接見ることができたのはごく一部にすぎない。天皇の顔を見たいという民衆の欲求にこたえ、軍服姿の天皇の写真の複写や錦絵が売り出されたが、七四年、政府は厳しい取締りを指示している。『朝野新聞』はその理由を「小人之ヲ得テ粗漏ノ取扱ヒヲナス」ことを恐れたためとし、「君民隔絶」をはかるものと非難している。[10]天皇像が見せるに足る威厳を備えていなかったのかもしれない。

九〇年から全国の高等小学校に配布され始めた御真影は、〈厳父〉イメージの確立とともに天皇の神格化をも促した。御真影は「神聖ニシテ冒スヘカラス」の天皇そのものとして扱われ、さまざまな儀礼を生み出したからだ。その受領は「拝戴」「奉戴」といわれ、「奉迎」し「奉安」し、「拝礼」するものだった。

九〇年一〇月発布の教育勅語とあいまって、学校は天皇制支配の最前線となった。天皇の神格化は『ワシントン・ポスト』にある束帯姿の肖像によってではなく、こうした儀礼によるところが大きい。

皇后はベターハーフか

しかし、御真影によって確立した天皇の〈厳父〉イメージは、皇后によって支えられていたともいえるのだ。じつは御真影は天皇一人でなく、皇后の写真と対になっている。のちに昭憲皇太后と呼ばれた明治の皇后の写真は、一九八九(明治二二)年六月一四日に写真師鈴木真一によって撮影された。[11]その約二か月後にキヨッソーネの肖像画をもとに天皇の写真が完成し、翌年初めからセットにして全国に配布されたわけだ。

天皇と皇后の写真はそれぞれ一人、同じ大きさで扱いにも違いはない。一九四一年に文部省が「天皇陛下の御写真は式場の正面正中に奉掲する。/皇后陛下の御写真は左(拝して右)に奉掲する」[12]と天皇中心を指示しているが、それ以前はそれほどうるさくない。並べて掲げると夫婦対等、まさに皇后は欧米でいうベターハーフである。その点では〈近代家族〉の先取りといえる。

しかし御真影が配布され始めた一八九〇年といえば、帝国憲法と皇室典範が成立し、皇位の長男子相続、女帝排除が確立した直後である。九八年制定の民法でも皇室にならって長男子相続が規定されたから、日本近代における家父長制の出発点とされている。それからすれば御真影は天皇一人でいいはずだ。その方が「至貴至尊」「上御一人」として、天皇をより強くアピールできる。なぜそうしなかったのか。

それについての資料は見当たらないので推測するよりない。一つには近代化路線が考えられる。そもそも写真という技術は近代的な複製技術であり、それによる天皇の写真は近代国家の象徴だった。明治天皇は写真嫌いといいながら一八七一、七二、七三年と初期の段階では毎年写真を撮られている。近代国家の元首として外国人へ贈答するためだったという。多木浩二によれば、「写真の交換は国家間の友好を意味し、たがいに平等に元首を確認する象徴的行為でもあった」[13]

その中で七三年、写真師内田九一によって十二単衣姿の皇后の写真も撮影されている。外国との釣り合い上、天皇だけでなく皇后の写真も必要だったからだろう。当時欧米ではジェンダー化された〈近代家族〉が成立し、それに対するフェミニズムの風も吹いていた。そうした欧米の状況が日本の皇室にまったく影響を与えなかったはずはない。七三年、天皇の誕生日が天長節として祝日に定められたが、その翌年には皇后誕生日が地久節と定められている。[14] 老子の「天長地久」からとったものだが、ここには男＝天／女＝地という西欧近代の二項対立も感じられる。

天皇皇后セットの御真影はこうした近代化・国際化路線の上に、ジェンダー化された夫婦対等を象徴するものとする見解が多い。[15] 天皇を大元帥として軍事化する一方、皇后を養蚕に結びつける夫婦分業化の言説がさかんに流布されていたことからいっても納得できる見解である。

それとは逆に、復古路線も考えられなくはない。さきに見たように、はじめて天皇をアピールするにあたって、皇祖として持ち出されたのは天照皇大神という女神だった。それは以後もずっと引

写真3　明治―昭憲皇太后

写真4　大正―貞明皇后

写真5　昭和―良子皇后

き継がれ、憲法発布にあたっても「皇祖皇宗」を前面に押し立てている。天皇の権威は女神とセットになって初めて保たれるということのようだ。

だとすれば御真影の皇后は、妻というよりは「皇祖皇宗」の象徴と見ることもできる。明治・大正・昭和三代の御真影の皇后（写真3、4、5）を比べてみるとき、その類似性に驚く。しかしじつは昭和の御真影は三一年一月に再配布されたもので、二八年に即位式を前に配布された御真影は回収されている。これについてはカーボン印画法の採用という技術的な理由が言われている[16]が、皇后のポーズの問題もあったのではないか。回収された御真影の皇后は明治・大正と違って前で手を組まず、両脇に垂らしていたのだ。

もしそれも回収理由だとすれば、皇后の写真について個性よりも型、その連続性にきわめて強くこだわったことになる。それは三代に限られるものではなく、「皇祖皇宗」にまでつながる象徴性にあったのではないか。御真影の皇后が一般にあまり意識されていないのもそれを裏づけるといえる。

またあるいは、天皇皇后が対になった御真影をジェンダー不在の「日本国ノ父母」の象徴とする見方も成り立つ。父母は二人で一人、親として一括されたように、天皇皇后も二人合わせて一人の天皇というわけだ。

しかしいずれにしろ、それが明らかに男女の具体像であるかぎり、ジェンダー化は避けがたい。男女一対の御真影は、日本社会のジェンダー化を進めたといえるだろう。

ともあれ天皇は、御真影として初めて見えるものになったとき、皇后とのセットで男女二つの顔をもっていたということだ。

新聞の中の〈厳父〉

もう一つ、大きな意味をもったのは新聞写真である。日本の新聞に、初めて写真が掲載されたのは一八八八(明治二一)年七月一五日、『読売新聞』紙上の磐梯山の噴火写真だった。しかし新聞写真の発達は、戦争と皇室によって促されたといえる。『東京朝日新聞』に初めて写真が使われたのは一八九四年、日清戦争報道においてだった。この段階でははさみこみの付録だったが、日露戦争中の一九〇四年九月三〇日、初めて紙面に戦地写真「遼陽写真帳」を載せた(17)。

つぎのステップは一九一二年の明治天皇死去、大正天皇即位である。ここでは各紙ふんだんに写真を使って報道合戦を繰り広げ、それによって新聞の大衆化は一挙に進んだ。

しかし大正天皇はずっと病気がちだったから、即位時と死去にあたって以外に写真が新聞に載ることはほとんどなかった。それに対して昭和天皇は、迪宮と呼ばれた子ども時代からたびたび載っている。それが飛躍的に増大したのは二一（大正一〇）年だった。三月、彼は半年に及ぶヨーロッパ旅行に旅立ち、帰国直後の一一月二五日、弱冠二〇歳で摂政に就任する。以後彼の写真は急激にふえる。

ある意味ではそれは危険な賭だった。当時新聞は情報の媒体であるだけでなく、貴重な包装紙でありトイレの落し紙でもあった。「粗漏ノ取扱」の恐れは明治初めの天皇写真売買の比ではない。それを防ぐために、教師が天皇の写真掲載紙で弁当を包んだりしないよう注意を与えたり、学校への持参を命じた例もある。しかし、個別に家庭の中にまで管理を徹底させることはむずかしい。

にもかかわらず裕仁の写真を積極的に載せたのは、ヨーロッパ旅行で裕仁自身が新聞というメディアの価値を知ったからでもある。彼の訪欧は第一次大戦直後、その惨禍はまだ生々しかったが、交通・通信は飛躍的に発展し、世界協調と民主化の機運が生まれていた。そのなかで初めて彼は、切抜きではない丸ごとの新聞を読む機会を得た。滞在したロンドンの日本大使館に、日本の新聞が置かれていたからだ。(18)

皇室が新聞を購読し始めたのは二一年九月、裕仁の帰国後である。翌二二年四月、新宿御苑での観桜会に新聞社社長三三人を招待し、新聞記者という存在に認知を与えた。(19)

そのなかで新聞写真の裕仁は二つの顔を見せ始める。ひとつは明治天皇以来の〈厳父〉の流れの上に、その極としての「乗馬姿の大元帥陛下」である。その最初は二二年一月八日、摂政就任後初の陸軍始の観兵式だった。『東京朝日』には写真はないが、『都新聞』（一月九日）は大きな写真でその「英姿」を伝えている。二四年からは『東京朝日』にも写真が載るようになる。

さらに昭和に入ってからは、天長節（四月二九日）にも観兵式が行われるようになった。それは大元帥としての定例化されたセレモニーであり、天皇は白い羽飾りに黒い礼装、白馬に跨がるという白黒写真向きのスタイル（写真1）で登場したが、毎年地域を変えて実施される陸軍大演習では、簡素な軍服姿で〈戦う天皇〉をアピールしている。

日中戦争開戦後の三八（昭和一三）年からは、陸軍始や天長節の観兵式も、この〈戦う天皇〉スタイルになった。

元旦の新聞の家族写真

もう一つは、それと相反する平和的イメージである。一九二一（大正一〇）年一一月二五日、摂政就任にあたって『東京朝日』は、裕仁親王が歯をみせて笑っている大きな写真を載せている（写真6）。戦前において公開された、唯一の笑った写真ではなかろうか。

二二年からは元旦の紙面に裕仁の肖像写真が登場する（写真7）。それまでも新年には、皇室関連記事が載っていたが、天皇の写真が載ることはなかった。写真が載る場合は拝賀の文武高官の車列や二重橋だった。現在の一般参賀と違って、戦前は新年に天皇にお目通りできるのは公・侯爵、正二位、勲一等以上。これを「拝賀」といい、それ以下の華族らは「参賀」といって参賀簿に記帳するだけだった。

それは服属儀礼でもあった。現在元旦が国民の祝日であるのは、戦前の四方拝に由来する。四方拝とはもとは皇室行事で、年頭にあたって天皇が、五穀豊穣と万民の平安を天地四方の神々に祈る儀式である。これが三大節の一つとして学校行事になったのは一八九〇年。紀元節、天長節がすでに七三年に国民の祝日に定められているのに比べるとかなり遅い。憲法発布、地方行政制度の確立、教育勅語発布、さらに御真影配布と、この時期あいつぐ天皇制国家確立のための措置のなかで設定されたということだ。

当時民衆のあいだでは、正月は陰暦で祝う方が圧倒的に多かった。一月一日の祝日化は子どもを通して新暦を定着させると同時に、天皇支配を浸透させるものでもあった。君主とは空間とともに

写真6 『東京朝日新聞』
1921年11月25日

写真7 『東京朝日新聞』
1922年1月1日

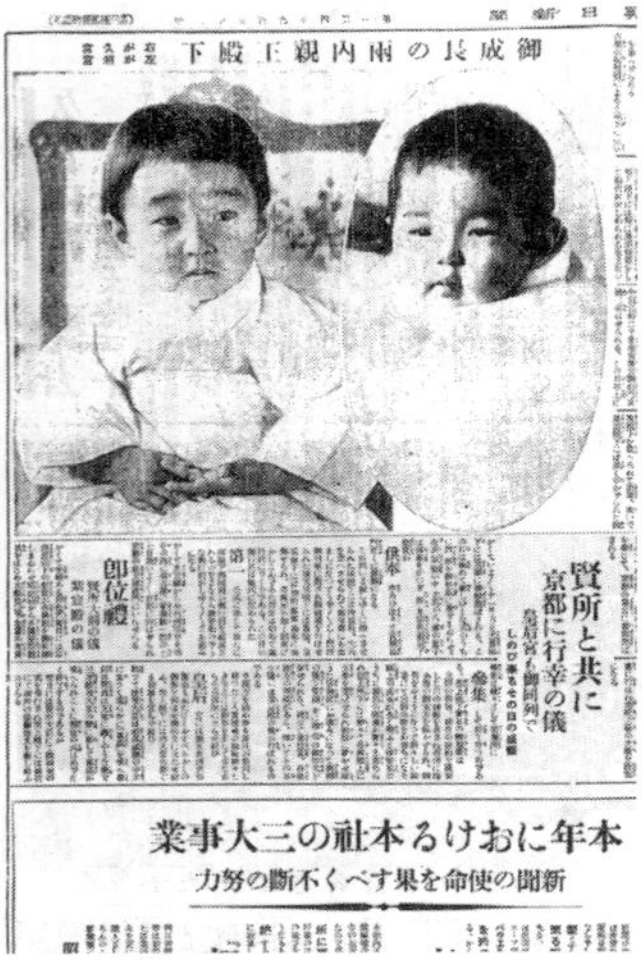

御成長の両内親王殿下

賢所と共に京都に行幸の儀

本年における本社の三大事業

新聞の使命を果すべく不断の努力

輝く聖春・竹の園生仰ぐも尊し

御軍装の大元帥陛下（宮内省貸下）

竹の園生の御榮え

天機愈御麗はし

竹の園生の御榮え

写真8　上段右から『東京朝日新聞』1928年1月1日号、同1939年1月1日号、
下段右から同1941年1月1日号、同1942年1月1日号

時間をも支配する。四方拝という皇室行事を国民の祝祭日とすることは、神を背負った天皇の時間支配を国民的に確認することである。二二年元旦の裕仁の新聞写真登場は、それが一般国民にも及ぼされたことを意味する。

『東京朝日』で元旦の裕仁写真を追ってみると、二二年は「陸軍歩兵少佐の御正装」(写真7)だが、翌二三年からはモーニング姿になる。二四年は結婚式直前の裕仁と良子。二五年は「政務をみそなわす摂政殿下」、二六年には顕微鏡を前にした「生物学御研究の摂政宮」が載っている。しかしこのあと、敗戦後の四六年元旦まで、平服姿の裕仁が登場することはない。山東出兵、柳条湖事件から一五年戦争に突入する時代の厳しさが「大元帥陛下」の平服を許さなかったのだろう。

それどころか、昭和を迎えて天皇になった彼は、元旦の写真からおおむね姿を消してしまう。[20]だからといって元旦の新聞写真の平和路線がなくなったわけではない。一九二八(昭和三)年以来、裕仁に代わって彼の子どもたちが元旦の紙面を飾るようになった(写真8)。三七、四〇、四一年には裕仁夫妻も加わった家族全員の写真が掲げられたが、夫妻の写真は三一年配布の御真影を組み込んだもの。ただ当時は、現在のように各紙統一されていたわけではなく、写真の使い方は新聞によって違いがある。[21]

例外は三九年で、突然軍装の天皇が単身登場する(写真8左上)。日中戦争の長期化を背景に、国民を鼓舞するためだろうか。

四四年、四五年になると、さすがに家族の姿は消え、陣頭に立つ軍装の天皇が各紙にいっせいに登場する。出征や疎開で、家族離散している国民生活に配慮したのだろう。

家族写真が意味するもの

元旦の新聞を時代を追って見てみると、最終段階は別にして、戦争の拡大とともに天皇の家族写真が定着した感がある。その家族写真は一枚の写真ではなく、枠に囲まれた一人一人の組写真である。

戦後明らかになったところによると、戦前も天皇一家の家族そろった写真はかなりある。一九三四（昭和九）年八月二四日、那須の御用邸で撮った写真では、天皇と生後八か月の皇太子を抱いた皇后が籐椅子にかけ、おそろいのワンピースの三人の娘たちが周りに立っている。天皇は背広姿、皇后は白いドレスで、モダンなブルジョア一家の記念写真といった趣きだ（写真9）。その五年後、日中戦争が泥沼化した三九年一〇月の写真も同様である。

元旦の新聞の家族写真は、もとはといえばほとんどこうして家族そろって撮ったものである。それを一人一人切り離し、子どもだけ枠に囲んで組み合わせたのだ。家族写真の天皇皇后の像は使用されず、二人の写真が掲載される場合は、原則としてすでに流布している御真影が使われた。だから子どもたちは毎年成長しているのに、天皇皇后は即位当時のまま、という奇妙なことになっている。なぜ一枚写真として掲載しないのだろうか。

一九三〇年代、戦争の拡大につれて天皇制支配は強まった。それは先の徳田球一の発言にあるように、「国内に於ては警察的弾圧、国外に対しては軍事的侵略」をこととするものだった。にもかかわらず「家族国家日本」のありがたさ、天皇の「御仁慈」を称える言説があふれている。三七年、文部省が出した『国体の本義』では、日本は天皇を「宗家」とする家族国家であり、天皇は国民を「赤子」として「一視同仁」、「愛護」し「愛撫」し「愛養」するとある。まさに〈慈母〉である。

写真9　戦前の天皇一家（1934年8月24日撮影）

元旦の写真はその視覚化といえる。「竹の園生の弥栄」として紹介される天皇家の子どもたちは国民の繁栄のシンボルであり、天皇に慈しまれる「赤子」の表象である。一人一人切り離され、赤ん坊までもったいぶって枠で囲まれるのは、象徴化のための仕掛けだろう。四二年以来皇太子が消えるのもそれで説明がつく。少尉に任官した次期天皇は、もはや慈しまれる「赤子」ではないからだ。

皇太后が家族写真に登場しないのも、おそらく同じ理由による。家父長制家族において、家長の母親は妻とは比較にならない権威をもつ。にもかかわらず皇太后は、つねに排除されている。それは天皇家が近代家族であったためというよりは、天皇の母を「赤子」の仲間入りさせるわけにはいかなかったからではないか。

おわりに――生き続ける〈家族〉

以上見てきたように、天皇の写真には、大きく分けて学校や官庁で管理され儀礼の対象になる御真影と、〈世間〉に流布する新聞写真の二つがあった。そしてそれぞれが二つの〈顔〉を持っていたといえる。御真影は天皇皇后二人の顔、新聞写真の場合は軍事路線と平和路線という二つの流れである。それは冒頭で引いた三島由紀夫のいう「大元帥」と「慈母」、放送座談会での「軍事的警察的」と「平和的民本的」という対立の視覚化といってよい。

これを〈厳父〉と〈慈母〉というジェンダーに置き換える場合、〈厳父〉は「大元帥」として屹立するが、〈慈母〉の場合はややこしい。現実には包帯の制作や傷痍軍人慰問など、〈慈母〉役割は皇后が担っていた。そうした写真も載っている。

しかし〈厳父〉と〈慈母〉はそれぞれ天皇と皇后に分担されるよりは、天皇一身に集中したとみるべきだろう。元旦の家族写真においても、不在の天皇が子どもたちのひたむきな日差しを通してかえって〈慈母〉幻想を誘うものとなっている。天皇のもつこうした二面性が、民衆を戦争に動員する上で威力を発揮したことは間違いない。〈厳父〉は励まし駆り立て、〈慈母〉は慰め癒す。

戦後日本の新聞から「大元帥陛下」は消えたが、元旦の家族写真は生き残った。そして今なお生き続けている。それが「御貸下」写真であるのも戦前と変わらない。ちがうのは枠に囲まれた組写真ではなく、一枚の家族写真になったことだ。一家の視線はカメラにではなく、広げられたアルバムや幼い孫たちに集約している。

そもそも元旦の新聞写真は御真影の代替であり、読者は〈見る〉よりは〈見られる〉存在だった。だから戦時下の家族写真においても天皇皇后は御真影が使われた。戦後の家族写真の天皇と読者のあいだには、こうした〈見る〉〈見られる〉の関係はない。その限りでは直接的な視線の政治学は断ち切られている。

しかしなぜ日本国民は、いまだに元旦に天皇の家族写真を見せられ続けているのだろうか。そこには新たな視線の政治学が働いているはずだが、それについては次の課題としたい。

注

(1) 三島由紀夫「英霊の聲」、一九六六年。
(2)「座談会・天皇制について」『放送』一九四六年一月号。出席者はほかに牧野良三。司会室伏高信。
(3)『読売報知新聞』(一九四五年一二月九日)によると、日本世論調査研究所による三三四八人対象の調査で、徳田に賛成するものは一六八人(五%)にすぎない。
(4) この時期、天皇の呼称は「天子」「皇帝」など統一されていないが、便宜上「天皇」を使用する。
(5) 引用は「奥羽人民告諭」(一八六九年)による。「鶴舞県人民教諭書」でも天皇を「多クノ人ノ父母」としている。(遠山茂樹『日本近代思想体系2——天皇と華族』所収、岩波書店、一九八八年)。
(6) 一九世紀初めに京都で出された『父子訓』(山住正巳・中江和恵編注『子育ての書』三巻 東洋文庫)では、父のあるべき態度として「慈」をあげ、胎教の大切さをも説いている。
(7) アーネスト・サトウ『一外交官のみた明治維新』下、岩波文庫、一九六〇年、二三九ページ。
(8) 宮内庁『明治天皇記』第七巻(吉川弘文館、一九七二年)によれば、一八八八年一月二四日、弥生社行幸の折に次室に控えたキヨッソーネが天皇の姿を写生、威厳に満ちた肖像画に仕上げ、翌八九年、写真師丸木利陽が写真に撮った。
(9)「服制改革の詔」(遠山茂樹注(5)前掲書『日本近代思想体系2――天皇と華族』所収)
(10)「論説・真影の禁を論ず」『朝野新聞』一八七五年六月三日。(注(5)前掲書所収)
(11)宮内庁注(8)前掲書、二八七頁。
(12)文部省『礼法要項』(山中恒『ボクラ少国民』、辺境社、一九七四年、七二ページより引用)。
(13)多木浩二『天皇の肖像』、岩波新書、一九八八年 一一九頁。
(14)ただし一般の祝日ではなく、女学校等だけが休日となった。
(15)武田佐知子は「明治天皇の御真影と男性美」(『比較文化・知の源泉』、大阪外国語大学、一九九六年)で、T・フジタニは『天皇のページェント』(NHKブックス、一九九四年)でそうした見解を述べている。
(16)内藤正敏「御真影」『写真装置』一九八四年三月号。
(17)『朝日新聞社史 明治編』朝日新聞社、一九九〇年。
(18)岸田英夫『天皇と侍従長』朝日文庫、一九八六年 三一ページ。
(19)藤樫準二「皇室と新聞」、『文藝春秋』一九三五年七月号。
(20)一九二八年一月三日の紙面には、元旦に行幸啓する車中の天皇皇后の写真が載っている。
(21)たとえば『読売新聞』は一九四二年の元旦写真に軍装の天皇を組み込んでおり、四三年にも全員の写真を掲げている。

(『女? 日本? 美? 新たなジェンダー批評に向けて』慶応大学出版会、一九九九年)

第3章　女帝論争・今昔

女天皇・是か非か

一〇〇年前の女帝論争

一〇〇年前のススンダはなし

ときは一八八二（明治一五）年、今をさる一〇〇年以上も昔のはなしである。

一八八二年といえば、ヨーロッパでは「会議は躍る」のドイツの鉄血宰相ビスマルクが大活躍、前年の独・墺・露三帝協商に続いて独・墺・伊三国同盟を結成し、ドイツを中心とした同盟・協定の網の目をはりめぐらしつつあった。

イギリスはこの年、アレキサンドリアでおこったアラビ・パシャ指導による民族主義暴動鎮圧をきっかけにスエズ運河地帯を占領し、カイロにアフリカ経営の拠点をさだめている。のちイギリスの植民地政策の柱となる三C（カイロ・ケープタウン・カルカッタ）政策の一角が、ここに築かれたのだ。

イタリアもエリトリアを占領し、列強のアフリカ分割競争の仲間入りをする。この年からいっそう激化した植民地獲得競争によって、一九〇〇年までの約二〇年間に、アフリカの八割近くがあらたに植民地化されたという。

そしてアジアでは、日本がこうした帝国主義列強の仲間入りをしようと、体制がためを開始している。年の初めにあたって天皇は「軍人勅諭」を下し、「上官の命令は朕の命令と心得よ」と日本軍隊の絶対服従体制を確立。七月、朝鮮ソウルに起こった兵士の反乱（申午の変）に対して、軍艦四隻を派遣して、兵一五〇〇名を仁川に上陸させている。この反乱は、六年前の江華島事件以来の強引な日本進出に対する、朝鮮民衆の反日暴動でもあった。これをきっかけに日本の陸海軍は、これまでの内乱対策型から外敵配備型、それも大陸侵略用にその性格を変える。

そして「日本のビスマルク」伊藤博文は、三月一四日、憲法制定のお勉強のためにドイツに旅立つ。前年、自由民権運動の高まりのなかで「明治二三（一八九〇）年国会開設」の詔書が渙発され、天皇制国家の法体系づくりが急務となったからだ。

そしてこの伊藤博文の出発とちょうど同じころ、沼間守一《ぬまもりかず》を中心とする嚶鳴社《おうめいしゃ》では、その後の天皇制国家体制に重大な関わりをもつ、したがって現在の天皇代替わり問題にも大いに関わりのある議論が、カンカンガクガクなされている。

色川大吉によれば、沼間守一はもと幕臣だそうだが、会津戦争に参加して捕えられたあと司法省に勤め、フランス法調査団の一員として渡欧。帰国後進歩的知識人をあつめ、嚶鳴社を結成し、公開の政談演説会を各地で開催するとともに、『東京横浜毎日新聞』によって民権論を展開した。彼の率いる嚶鳴社には、肥塚《こいづか》竜《りゅう》、田口卯吉、島田三郎、草間時福《くさまときよし》、末広重恭ら秀才がつどい、西の立志社と並び称される自由民権運動の牙城だったという。

さて、問題の議論は「女帝を立るの可否」、つまり「女天皇・是か否か」論争である。この問題の立てかたそのものに、まず驚く。なぜって、いま日本人の大方は（かく言うわたしも含めて）、「法の下の平等」や「両性の平等」を定めた憲法をもちながら、天皇代替わりにあたっては、皇室典範の皇位継承規定、つまり「男系の男子」だけが天皇になることを自明のこととしてしまっているからだ。

明仁の時代になればどうなるか。イヤ明仁は「玉」として弱い。すぐにまた息子の浩宮がとって代わるのではないか、などと議論しても、だれも、あの明仁の長女のメガネのサーヤ（紀宮）や、皇太子妃美智子を、次期天皇として話題にするひとはいない。そんなことすればバカにされるだけだ。

ところが一〇〇年以上まえには、そうではなかったのだ。みんな大まじめに女天皇問題を議論している。

論争は島田三郎の女帝否定論ではじまった。これに対して、肥塚竜、草間時福、丸山名政《なまさ》、波多野伝三郎、青木匡《ただす》が女帝肯定の立場から反論、それにまた島田が反論し、さらに沼間守一や益田克徳《かつのり》も女帝否定論を展開している。

ともあれ、彼らの議論に耳をかたむけてみよう。ただし資料は『東京横浜毎日新聞』（一八八二年三月一四日~四月四日）だから、句読点なしの文語体、皇室に対してはけっこうものものしい敬語が使われている。めんどうなので一切はしょって、要約して紹介する。

女帝の夫は外国人でもよい？

島田　すでに国会開設の時期も決り、憲法制定の時期も近くなった。この憲法において、女帝を認めるか、それとも男子に限るか。我輩は、断固として男子に限るべきことを主張するものだ。

これには二つの反論が予想される。一つは、女帝が存在した我が国古来の慣習を盾にとるもの、第二は、近来の男女平等の気運を理由とするものである。

一については、たしかに古来日本には推古から後桜町まで八人の女帝が存在する。しかしうち四人は生涯配偶者をもたず、あとの四人は夫である天皇の死後、幼い息子が成長するまでのつなぎとして皇位についたということである。

さて、人間には男女あり、男女あれば結婚するのが自然であり人情であるから、女帝を生涯独身とすることは人情にもとる。かといって、女帝が結婚すれば、「至尊」としての尊厳を損なうおそれがある。なぜなら我が国では男尊女卑の風潮があり、女帝よりもその夫の方がエライとみたり、また夫がかげで妻たる女帝をあやつって政治を動かすおそれもある。

外国の女王のようによその国の王族と結婚するということは考えられないから、女帝は「臣民」と結婚することになり、天皇の権威がそこなわれる。

肥塚　女帝は「臣民」と結婚するというが、女帝の結婚相手を四親等以外と定めれば、皇族のなかに結婚相手をもとめることは可能になる。

それに、なぜ外国王室との結婚を頭から否定するのか。たしかにこれまでのところ、そうした例はないが、国会開設以後は人民が賛成するならば、女帝が、清、あるいはその他の外国王室から婿とりしていっこうにさしつかえない。

島田君は、女帝の夫というものはしばしば政治に口ばしをはさむのでよくないというが、聞くところによればヴィクトリア女王が政党の争いにあたってえこひいきをしようとしたとき、夫アルベルトの忠告で失政をまぬがれたという。これは隠しようのない事実である。独裁政府ならいざしらず、立憲国の君主は、内閣大臣の補佐によって政治を行うので、女帝の夫一人が政治を左右することはない。

島田君よ、道理をもって言うならば、道理は、女子の財産所有権を認めているではないか。慣例でいっても、古来女帝の即位は少なくない。どっちを向いても女帝を否定する論拠はないではないか。

草間　我輩も島田君の意見には反対、あくまで女帝を認めるべきことを主張する。島田君の否定論は、長々と言っているけれども、結局その理由はつぎの二点である。

第一は、至尊天皇に臣下が配偶するとその尊厳をおかす。

第二、女帝の夫はかげで政治を動かすおそれがある。

いずれもまったく根拠薄弱ではなしにならぬ。まず第一の点だが、古来皇妃は、藤原氏から多く出ている。そして藤原氏は臣下である。だからといって、天皇の尊厳が損なわれた例があったか？臣下の男が女帝に配すれば尊厳がおかされ、女が男帝に配すればおかされないというのか？

島田君は、男を人とし女を獣とするアジアの悪習に迷って、女子の権利を破壊しようとしているのか、あるいは、ヨーロッパ貴婦人の伝統によって、臣下の男子が近付けば尊厳をおかすとするのか。

また、女帝の夫が政治を左右するというが、君は、日本を君主専制国として考えているのか？だとすればその弊害は、たんに女帝の夫の問題にとどまらない。不徳の天皇が出れば人民の権利は勝手におかされることになってしまう。君も当然しっかりと憲法をつくって、人民の自由と権利を守ることを考えているはずだから、憲法に女帝の夫の政治介入を禁止する条項を入れておけばよい。もしそれでも女帝の夫が介入するようなら、憲法あって憲法なき状況であって、それこそ大問題である。

島田　肥塚君が反論のために引いたヴィクトリア女王の例は、かえって我が方を助けるものである。なぜなら夫アルベルトが女王を牽制したということは、かげで女王を動かし、政治に影響を与えているということである。アルベルトの場合はさいわい良い結果になったが、逆の場合も大いにありうる。

また国会を開き憲法をつくれば心配ないというけれども、イギリスのようなしっかりした議会と憲法があってもなおヴィクトリア女王が政党の争いに介入しようとしたというのだから、まして我が国のようにこれからという国では、もっとその危険は大きいだろう。

ヨーロッパでは、異教徒同士の男女が結婚して子供が生れた場合、その子の宗教をどっちにするかがしばしば問題になっているという。個人ならともかく、もし天皇家にそんなことが起これば由々しき事態になる。外国王室との結婚を認めがたい第一の理由はこれである。さらに、強大な国の王族、たとえば、ロシアやイギリスの王族と結婚した場合、それらの国の人々が宮廷に大きな勢力を振い、問題が起る。したがって外国王族との結婚には反対である。

立憲君主は凡庸でいいか

丸山　島田君は、女帝は国事にうといから夫に左右されやすいといった議論をしているようだが、男帝だからといって必ずしも英明な人ばかりではないことは、三〇〇〇年の歴史が示している。独裁政体ならば君主の英明かどうかが国家全体に大きな関わりを持つが、これからは、国会も開かれ憲法もできることだから皇統保持が最重要となる。べつに女帝でも問題ない。我輩は、立憲国の君主は中くらいの人物で十分だと思う。
益田　我輩は、島田君に賛成である。肥塚君がヴィクトリ女王の例を引いたのは自家撞着である。また丸山君は、立憲国の君主は中くらいでいいというが、ぜったい反対である。いかなる政体においても君主は賢明であることを望むものだ。
また反対者は、古来女帝を立てたことを引いて慣例、慣例と言いたてるが、しかし男を尊び女を下に見るのは現在我が国のひとびとの頭にしみこんでいる。血統は男統で伝えるのが我が国の強固な慣例である。これから言っても女帝は不可である。政治の場では女帝は夫を下に扱い、内宮では、夫を天として崇めるようでは、権威は失われるではないか。

肥塚　「帝王は悪事を為しえず」とは古書にみえるが、「男子は悪事を為しえず」とは、聞いたことがない。ヴィクトリアのように政党に干渉する弊害が生まれるのは、女帝を立てるせいだといわんばかりの議論がなされているが、それでは、男子は悪事を為しえずとするのと同じである。歴史をひもとけば、一〇人の帝王のうち九人まではひどいものだ。もし男帝に悪事なしとするなら、中国などはずっと平和が続いているはずだが、そうではなくて騒乱つづきであるのは、男帝だからといって決していいわけではないということである。

益田君は、男子を尊ぶのは先祖以来の慣例であり、慣例には従うべきだとするが、善悪利害を考えて、保存すべき旧慣と廃止すべき旧慣を判別すべきである。古いからといって尊ぶのは骨董屋だ。君よ、骨董論者になるなかれ。

つぎは島田君である。島田君はイギリスのように強大な国会があってもヴィクトリアは政党に干渉したのだから、日本ではなおさら心配だというが、君主が政党に干渉するという病気は、女帝を立てないという薬で治療できるものではない。ルイ一四世、ジェームス三世、いずれも政党に干渉したが、二人とも女帝ではなくて男である。

また君は、外国人と結婚すれば、宗教上の争いが起こるというが、ヨーロッパ各国の憲法では、国王の外国人との結婚は必ず議会の承認を必要としており、その点じゅうぶん考慮して承認するので問題はない。また外国との結婚は紛争を起こすというが、それによる利もあるはずである。紛争をおそれてばかりいると結局鎖国攘夷がいちばんということになろう。

島田君は、結婚は男女の意気投合によると言われる。これ我輩も大賛成だ。となれば、我が国の女帝となるべき皇女は、外国王族よりは言葉も通ずる我が皇族中に相手を求めることになろう。

沼間 我輩は島田論に賛成である。我輩の意見を聞けば、その正しさがいっぺんにわかるはずだ。女帝立つべしとする諸君に聞きたいのだが、ここに男女二人の子供がいて、上が女で下が男である場合、家の相続はどっちにするか？ 我が国では、長幼に関わらず男子に相続されるであろう。これは我が国だけのことではない。

男女には区別があり階級がある。この自明の事実を直視すれば、女帝を立てることが間違っていることはすぐわかるはずだ。男尊女卑の慣習が人民の脳髄を占めている我が国で、女帝が結婚するなどはとんでもないことである。

丸山君は、立憲国の君主は凡庸でもいいようなことを言って反対しているが、まったく無礼きわまる発言である。どんな時も君主は賢明でなければならない。君主賢明ならば、憲法上の権限を順守するので、争いも起こらず、君民ともに幸福である。

女帝論者は血統重視をいう。もちろん君主国で血統を重視するのは承知しておるが、どこの国でも男女の区別を立て、男を先にしていることを知るべきである。これに対して、自論を守るために苦しまぎれの反問が出るかもしれないので、あらかじめ答えておこう。女帝を認めないために皇統が絶えたらどうするのか？　我輩の答えはこうである。二五〇〇余年皇統は絶えなかった。これからもそうだろう。

青木　島田君の女帝否定の論拠は、第一に、我が国では、古来女帝即位の例はあるが、その実は摂政的役割、あるいは生涯独身を通しているから、今日の外国の女帝とは性格がちがう。第二に我が国の現状は、男を貴ぶから、いくら憲法で女帝の地位を第一のものとしても、夫をもてば一般の人情ではどうしても夫の方を女帝の上とみる。したがって尊厳が損なわれるというものである。

一はたしかにその通りだが、しかし女帝を立てるのが我が国古来の伝統であることは否定できない、ここで女帝を否定することはこの伝統を破ることであり、かえって人心を損なうことを恐れるものである。

また、我が国で、女子より男子を貴ぶということはあるが、しかし一方、庶出の子よりは正統の子供を尊ぶのも我が国の慣習である。正統の子に男女あるとき、長幼の序に関わらず男子を先にすることはいいとしても、もし女子ばかりのときは女子に相続するのが普通である。女帝についても同様である。

女帝が夫をもつと、これに左右されるというが、男帝も女性に溺れて政治に重大な弊害を生んだ例は少なくない。女帝を立てることそのものが悪なのではなくて、どんな女帝かが問題なのだということは、男帝の場合と同じである。したがって我輩は、女帝の夫の政治関与禁止を憲法に規定しておけば女帝を立てても問題はないという立場である。

女帝に尊厳が保てるか？

波多野　島田君ほか、女帝否定論者の意見を聞くに、その論拠は、我が国では女を卑しむ風潮があるから、女帝では尊厳を損なうというもの。たしかにそういう傾向はあるが、しかし一方、皇室は雲上の人として、一般とはべつの基準で尊敬している。だから二五〇〇余年のうち八人の女帝は人民のさげすみを受けることがなかったのだ。人民のあいだには女子蔑視があるとしても、天皇に対しては男女にかかわらず尊敬する我が国の慣習を見ないで女帝を否定するのは、粗忽きわまるものである。

沼間　波多野君よ、君のいまの説は、せいぜい年代記のたぐいを斜め読みしただけで、女帝の実態をじゅうぶん研究しないで言っているのだろう。古来の女帝は生涯独身だったから、その尊厳が損なわれなかったのである。現在の日本社会において、夫と妻のどっちを貴いとするか？　夫に柔順なることを妻の美徳とするのはなぜか？　これ、夫を第一とし、妻を第二流に見るためにほかならない。人情は、すでに男女のあいだに上下尊卑を置いている。

にもかかわらず女帝を立てるならば、全国民はこう言うだろう。陛下は、至貴、至尊である、しかしやっぱり夫には柔順でなければならない、と。我輩が、女帝ではその尊厳が保てないというのは、このためである。さりとて女帝を生涯独身とすることは無理なはなしである。

さらに言うならば、我が国民の多数は、子供を父と母いずれの血統に属するとしているか？「腹は一時の借物」ということわざがあるように、いうまでもなく父である。だとすれば、もし臣下が女帝と結婚して皇太子が生まれたとしても、国民はその皇太子を、皇統一系の皇太子と見るだろうか？　臣下の血統が天皇家に混じったとして崇拝の念を失うのではあるまいか。

我輩はもちろんこのような妄念は抱いていない。しかし政治家は天下の情勢を読むべきである。いかなる国においても、その国民の大多数は無知蒙昧であり、これら無知なる連中の感情を無視してはならんのだ。彼らのあいだを一軒ごとに説いてまわることなど出来るものではないから、彼らが、天皇は万世一系の皇統であると信じて疑えないような制度にすべきである。女帝を生涯独身とすればこの恐れはないが、歴史をみれば、言うのをはばかるような不祥事が起こっているではないか。要するに女帝を立てることは、百害あって一利なしである。

肥塚　（略）

島田　肥塚・草間・青木の諸君の主張は、以下のように要約できる。①女帝を立てるのは我が国の慣習であり、いまこれを破壊してはならない。②中古以来皇后は、臣下である藤原氏より多く出ているが、天皇の尊厳が犯された例はない。③男女に尊卑の別を立てるべきではないから、臣下の男子が女帝に配すれば尊厳がおかされ、その逆はおかされないとするのはおかしい。④女帝の夫が政治に容喙する問題については、憲法で禁じておけば心配ない。⑤外国皇族との結婚で問題になる宗教のことも、議会で検討するから問題ない。また、女帝はたぶん皇族のなかから夫を選ぶだろうが、候補者は少なくない——。

これから我輩は、これらの論を逐一撃破して見せよう。波多野君の反論については、沼間氏の意見で十分である。

第一に、我が国には女帝を立てる慣習があるというが、古代の女帝と現在の立憲国の女帝とはその性格が異なることは最初に述べた。さらに反対論者の無知を反省させるために付け加えておこう。言うもはばかり多いことながら、我が国の上代の歴史には、不分明な点が多い。歴代天皇の中にも即位の事実も不明確な場合もある。女帝についてもそうである。『水鏡』は、皇統を明らかにするものとして依拠されるが、神功皇后を皇位に列し、飯豊青尊にも天皇の称号をつけている。『神皇正統紀』は、飯豊青尊は入れていないが、神功皇后はいれている。諸君は女帝のはじめを推古というのだろうが、これも当時の状態を深く考えない議論であり、今日に当てはめることはできない。

第二に、男女のあいだに尊卑なしというのは、政治の原理を知らないものの言うことである。政治は人を治めるものであるから、人情の機微をわきまえて時宜を制することが必要だ。道理からいえば、男女に尊卑がないくらいのことは、言われるまでもなく我輩も知っておる。しかし一般人民は男尊女卑であり、これはヨーロッパにおいても、女子には参政権を与えていないのだから、我が国だけのことではない。

我が国の現状を見給え、男子が妻妾を蓄えても社会は非難しないが、女子が複数の男と関係すれば、世間はどんな目でみるか。相続法を見給え、長女が次男に譲っているではないか。民間の夫婦関係を見給え、女が戸主の場合も、いったん結婚すれば内外の権限は夫に帰して、妻はその命令に従うではないか。こうした現状があるのに、男女差別せずというのは、政治をしらない奇怪な意見である。

また、女帝の夫が政治を左右するのと、男帝が政治に関与するのは大違いである。男帝は憲法上政治的権限を有しているが、女帝の夫はそうではない。にもかかわらず、妻の力をかりて政治に影響を与えるとすれば、その弊害ははかりしれない。権力欲は人間のつねであるが、女よりも男の方に強いから、女性が男帝を動かすよりは、夫が女帝を動かす可能性が高い。憲法で禁止すれば公然とはできなくなるが、陰然とこれをやる恐れがある。とくに我が国のように、女子は男子に従う慣習のある国においてはその可能性が高いと思う。

外国皇族との結婚による宗教上の問題については、反対者も困ったと見え、あらかじめ議会の承認が必要だから、などと苦しい答弁をしている。しかし我が国の現状で、これを議会にかければ、否決されるのは目に見えている。したがって外国皇族との結婚は当分ないものと思われる。だとすれば、女帝の夫は国内で求める以外にないが、臣下の男を配することの問題はさきに述べた。

では皇族から夫を求めるか。女帝の夫は、非常にせまい範囲に限られることになり、女帝の自由に大きな制限を加えることになる。結婚こそは、人生の大事である。人生の幸不幸はそこにある。幸福を願い、意気投合できる人との結婚を全国民が求め得るときに、ひとり女帝は、至尊の身でありながら制限されることになる。これは何としても不可解である。

君は、皇族中に相手を見付けることができるというけれども、それは空想である。我が国の皇后皇妃は、皇族でないものが多い。ということは皇族のなかには求められないということではないか。皇婿についても同様であり、まして生理学的にも近親結婚の弊害は明らかである。これが我輩の現状においては女帝不可とする所以である。

この島田三郎の最終陳述をもって、女帝論争は終わり、議長高橋庄衛門、採決にはいる。女帝を認めるものの起立を求めたところ、総勢一六人中八人起立。ちょうど半々だったため、議長の決により、九対八で女帝不可に決した。

皇室典範の中の女性差別

わたしは明治史や自由民権運動についてはまったくのシロウトなので口はばったいことは言えないけれど、この論争は、一般にはほとんど知られていないのではないかと思う。ここでは、ある意味では現在の反天皇制論よりもススンダ議論がなされている。もちろんこの論争は、天皇制自体は肯定したうえでのものだから、天皇制廃止の立場からすれば一顧だにする価値はないということになるかもしれない。

しかし、天皇の国際結婚の是非などもケロリと論じられていて、現在の浩宮の「お妃さがし」報道のアホらしさを、それと言わずに一挙にみせつける。現在、女性週刊誌だけでなくマスコミは、あれこれ「お妃候補」をリストアップして大騒ぎをしているが、そのリストに外国人の名前はない。つまり、「国際化時代」といいながら、こと天皇制に関しては、鎖国を解いてやっと二〇年余というこのときよりも、よほど発想は閉ざされているということだ。

それはマスコミにかぎらない。わたし自身も、天皇家の国際結婚や女天皇の可能性は、ジョーダンで言ってみるだけで、ありえないことを前提にしてしまっている。しかし一〇〇余年前のこの島田・沼間の論を読むと、天皇は男子に限るとされたのは、民衆支配の政治の論理のなかでつくられたものにすぎないことがよくわかる。

彼らの女帝否定は、当時の男尊女卑の風潮を前提に、女帝が結婚すれば夫の下につくことになるから「至尊」としての権威に傷がつく。したがって天皇のもとに民衆を統合し、国家形成するうえで得策ではないという現実的政治的判断による。そこには、彼ら自身の男尊女卑意識もはいっていたにちがいない。

ここでわたしは、タイムマシーンがあればいいなと思う。一〇〇年前に戻ってこの論争に参加し、沼間守一や島田三郎の論をコテンパンにやっつけてやりたい。そうすればその後の日本の女の運命は、大きく変わったかもしれない。なぜなら、この沼間・島田の論は、日本社会の女性差別の強化に大きな役割をはたしているからだ。

この女帝論争の七年後の一八八九年、大日本帝国憲法および皇室典範が制定された。憲法では、第一条「天皇ハ神聖ニシテ冒スヘカラス」につづいて、二条で「皇位ハ皇室典範ノ定メル所ニ依リ皇男子孫之ヲ継承ス」と女帝不可を定めると同時に、憲法から独立して定められた皇室典範でも、その第一条に「大日本国皇位ハ祖宗ノ皇統ニシテ男系ノ男子之ヲ継承ス」とした。そして二条から八条まで、皇長子以下の継承順位を定められている。

これは、戦後民主化されたはずの象徴天皇制の皇室典範にもそのまま生きている。ただ第四条、八条の、嫡出を庶子より先にするという規定は、さすがに戦後の皇室典範からは消えている。ともかく、一八八九年以来女帝不可の天皇制が国家の制度として生きつづけているわけだ。

しかし皇室典範の最初の原案では、そうではなかったのだ。一八八五年起草と推定される宮内省原案「皇室制規」には、女帝が認められている。

「第一　皇位ハ男系ヲ以テ継承スルモノトス若シ皇族中男系絶ユルトキハ皇族中女系ヲ以テ継承ス男女系各嫡ヲ先キニシ庶ヲ後ニシ嫡庶各長幼ノ序ニ従フベシ」

これは、さきの論争の青木匡の意見と同じである。男系を原則としたうえで、男系がない場合にだけ女系を認めるというのだから女性差別ではあるが、まったく女を排除しているわけではない。

それがなぜ変わったのかといえば、明治国家の法体系づくりに重要な役割をはたした井上毅が、これに反対したためである。井上は、「皇室制規」についての意見書「謹具意見」を提出して女帝否定を主張したが、そのとき彼は、嚶鳴社のこの論争を「深ク精緻ヲ究メタルノ論」と評価し、とくに島田三郎、沼間守一の女帝否定論を全文引用して再考をうながしている。

その結果、宮内省第二稿「帝室典範」からは女帝や女系継承規定はすがたを消し、一八八九年の皇室典範で確立された。

そして翌一八九〇年、フランス法にもとづいた夫婦中心主義の民法案、いわゆるボアソナード民法は否定され、一八九八年、男系中心の家制度を定めた明治民法が成立する。この民法によって日本社会の女性差別は、しっかりと定着したのだ。

この民法制定に、皇室典範の皇位継承規定がどれほど影響を与えたのか、いま民法典論争などに目を配る余裕はないので具体的に論証できないが、皇室典範に女帝排除を定めることによって万世一系の天皇の権威が強化され、民衆統合力がつよまるとするならば、当然民衆の家族のありかたや相続についても、皇室典範にならって男系中心のタテ型家制度をとらざるをえまい。その方が、現在、憲法二十四条の「両性の平等」規定にもとづく民法の一方で、男系中心主義の皇室典範をそのまま残している状況よりも、首尾は一貫する。

もしそうだとすれば、一八八二年のこの女帝論争における島田三郎・沼間守一の発言は、日本社会に女性差別を定着させるうえで、犯罪的役割を果たしたことになる。

戦後の「女帝論争」

戦後、憲法の平等の理念からいって、女帝を認めるべきだという議論はもちろんされている。一九四六年の憲法制定にあたって、国会で問題にされたことは、新聞にも報じられていた。吉田善明「象徴天皇制の基礎20講」(『現代天皇制』法学セミナー増刊、一九七七年二月)によれば、女帝肯定派の

論拠は、

①憲法十四条「法の下の平等」の趣旨を生かすべきである。

②率先女帝を認めることにより、一般に男女同権の普及に資すべきである。

③女帝を認めることによって、皇胤が絶えることに備えるべきである。

これに対する反対論は、

①男子主義の原則は、我が国古来の伝統である。

②女帝の先例はあるが、これは例外である。にもかかわらず女帝を認めると系列が乱れて複雑になり、皇位が不安定になる。

③女帝の配偶者の取扱いがむずかしい。

この反対論は、男尊女卑の風潮云々をおおっぴらに言ってないだけで、一八八二年の島田三郎・沼間守一の論とおなじである。あくまで「万世一系」神話によって、天皇の権威保持をはかろうとするものだ。戦後もこれが通ってしまったわけだ。その後も何度か「女帝認めるべし」の声は社会党議員を中心に出されているが、そのたびに否定されている。

だとすれば――、それほど天皇制維持派が女帝排除にこだわるのだとすれば、逆に、女帝容認は、「皇室の民主化」のためではなくて、天皇制無化のための最大の武器かもしれない。

日本人のおおかたがはじめて体験する天皇の代替わりにあたって、一〇〇年前の女帝論争にならって、女帝の是非や皇族の国際結婚などについてワイワイガヤガヤやってみてはどうだろう。

*旧皇室典範制定過程については、加藤一夫さんの御教示により『梧陰文庫刻陰』によりました。

（『クライシス　臨時増刊　さよならヒロヒト』一九八八年四月）

皇位継承と女性差別

君たちの身と心に
しっかりと栓をしておきたまえ
自我が下血しないように

友人の詩人の最新の詩の一節に、こんなことばがある。ほんとうに、いま日本人は、天皇の下血にともなって、自我の下血をおこしているようだ。

天皇の病変以来、記帳に並ぶ群衆や祭り「自粛」のひろがりは、かならずしも天皇や天皇制賛美によるものではない。とりたてて天皇の病気を案じているわけでもないのに、マスコミに煽られ、まわりの顔色をうかがい、おしなべてひといろの世界にみずからを溶かしこんでいってしまうところに、「自我の下血」問題がある。「過剰自粛」の揺れもどしにしても、マスコミのマッチ・ポンプによるところが大きい。

しかし、こうした付和雷同的日本人の習性だけではなく、高度資本主義社会における生活の空洞化、そこからくる主体の空洞化の問題があるように思う。

高度資本主義社会に生きる日本民衆は、とっくに生産の場においてだけでなく、日々の消費生活においても自律性を失い、派手になる一方の冠婚葬祭の儀式や情報誌によるイベントのつまみ食いによって、なんとか空洞化した日常における飢餓感を満たしてきた。それは結局、「余暇」や「非日常」までをも資本の論理に明け渡すことにほかならないが、最近の産業構造の「ソフト化」のなかで、その傾向はますます強まっている。

こうして空洞化する一方の日常に、突然テレビを通じてとびこんできた天皇の代替わりという大イベント、「昭和」の終わりという歴史的大事件、すでにマンネリ化した祭りを「自粛」することで、その世紀の大イベントに参加できるなら、その方がよほどイベント性は高い。「自粛」という名のイベント否定は、じつは、その歴史的イベントへの民衆参加なのかもしれない。

天皇の下血にともなう日本民衆の「自我の下血」、つまり主体の空洞化は、そうした生活総体の空洞化の当然の帰結である。

だとすれば、「自我の下血」をくい止め、さらに「変革の主体」形成へと向かうためには、生活総体における民衆の主体性回復が必要だ。しかしその道は、あまりにもはるかである。ましていま、X（天皇の死）・Y（皇后の死）・H（浩宮の結婚）という相次ぐ国家的大イベント目前に迫り、そのなかで、日本民衆の「自我」は大下血、すっからかんに崩壊しかねない状況だ。口惜しいけれども、とりあえず、自我の大下血を食い止める対症療法が必要だろう。

天皇代替りの女性差別

その対症療法のひとつとして、さしあたり女性の立場から、提起したいことがある。「さしあたり」というのは、本来は女だけの問題ではないのだが、まずは女が口火を切るべき問題だと思うからである。

つまり――、天皇代替わりにあたって、女性差別の視点から、「新天皇　NO！」の声をあげようということだ。

いうまでもなく、今回の天皇代替わりは、皇室典範にもとづいておこなわれるが、その第一条には、「皇位は、皇統に属する男系の男子が、これを継承する」とあり、第二条で、その継承順位がこと細かにさだめてある。そのしつこいばかりの順位規定は、なにがなんでも皇位継承から女を排除しようという執念のあらわれのように思える。新天皇明仁の誕生は、こうした歴然たる女性差別にもとづいておこなわれるわけだ。

これは、現憲法の「法の下の平等」（第十四条）に違反している。もちろん天皇制そのものが、人間平等の理念に相反するものであり、問題は女性差別にかぎらない。しかし、以下の二つの理由から、ともかくもいまは、女性差別の視点から、「新天皇　NO！」の声をあげるべきだと思うのだ。

第一に、いま眼前に、あきらかな女性差別にもとづく皇位継承がおこなわれようとしている。これをただ黙って座視することは、いまを生きる日本の女たちの、歴史的責任の放棄である。

かつて女たちは、明治以来の天皇制国家における家制度のもと、皇位継承についてはもちろん、社会的な発言を一切禁じられていた。いま日本の女は、主権者としての権利を得てはじめて、天皇代替わりに遭遇している。このとき、そこにある歴然とした女性差別に反対の声をあげることは、過去の女たちに対してだけでなく、未来の女に対する責任でもある。

第二。皇位継承における女性排除は、天皇の権威強化のためであったことを知るとき、それはたんに女性差別だけでなく、近代日本の民衆抑圧とアジア侵略に関わりをもつ。

皇室典範の「男系男子」規定は、一八八九年、帝国憲法と同時に公布された旧皇室典範の規定をそのまま踏襲したものである。日本の天皇制の伝統からいえば、皇位継承から女性を排除することは異常である。推古天皇はじめ、古来女帝は何人かいるし、江戸時代にも後桜町・明正という二人の女帝がいる。にもかかわらず、一八八九年制定の皇室典範で、女帝をまったく排除することにしたのは、ひとえに天皇の権威強化のためであった。

つまり、女性が天皇になった場合、生涯独身ならばよいが、結婚すると、その夫は当然臣下から迎えることになる。男尊女卑の風潮のなかでは、妻は夫に仕えるべきだとされるので、女帝だと「唯一絶対」の権威が保てない。また、皇太子が生れても、「腹は一時の借物」というように、その血筋に、母親である天皇よりも臣下である父親の血の方を感じてしまう。それでは「万世一系の皇統」に傷がつく。よって天皇は、「男系の男子」に限るべきである——。

こうした議論を経て定められたのが、旧皇室典範の皇位継承規定であり、帝国憲法第二条の「皇位ハ皇室典範ノ定メル所ニ依リ皇男子孫之ヲ継承ス」であった。つまり、女性を差別することによって、天皇の権威強化をはかったわけだ。

その結果確立された近代天皇制国家による差別と侵略の歴史をおもうとき、一〇〇年前とまったく同じ女性排除の皇位継承規定による新天皇誕生を認めるわけにはいかない。

また戦後の皇室典範改正にあたっても、「女帝を認めると系列が乱れて複雑になり、皇位が不安定になる」を主要な理由として、女帝排除が踏襲されたことを思えば、結局現在でも、女性排除は「皇位の安定」に役立っていることになる。だとすれば、女帝容認をつきつけることは、「天皇制廃止」のためにも有効な手段かもしれない。

天皇制議論の開かれた場を

これに対しては、天皇制を否定する立場から、当然批判が出るだろう。

――女も天皇になれれば、それでいいというのか。

――お前がいうのは、皇室典範改正による、「皇室の民主化」、つまりは天皇制容認論ではないか。

たしかにその通りだ。女帝排除の皇室典範にもとづく新天皇を認めないということ、そのいちばんすなおな論理的帰結は、皇室典範を改正して、女帝を容認せよ、ということである。

わたしの本意は、もちろんそうではない。女帝であろうが男帝であろうが、天皇は天皇、そんなものはいらないというのが、基本的な姿勢である。

しかし、天皇の下血とともに、日本人が「自我の大下血」をおこしかねないいま、ただ「天皇制廃止」をいうこと、あるいは、火炎びんのようなものを飛ばすことで獲得できるものよりは、まだしも対症療法としての可能性が高いということだ。

戦後、象徴天皇制発足以来四〇余年、いわゆる天皇制廃止論者は、その天皇制否定ゆえに、かえって皇室典範における歴然たる女性差別を温存してきた。その解消は、「民主主義」と天皇制の適合性を増し、天皇制存続に利することをおそれたからである。わたしもその一人である。

しかしこれまでの経過からみて、皇室典範の改正はそう容易なことではない。一九八五年、女性差別撤廃条約批准にあたって、社会党の久保田真苗議員から、皇室典範の女性差別問題が提起されたが、そのときは、皇室については、「基本的人権になじまない」と一蹴されて終わったと聞く。

たしかに皇室は、べつの意味で「基本的人権になじまない」。そのようなものの存在を許し、ありがたがることのおかしさは、あらゆる機会をとらえて、いろんな角度から、公の場で議論されなければならない。天皇代替わりにあたって皇室典範の女性差別を問題にすることは、その一つの突破口である。国会請願もよし、違憲訴訟もよし――。

ともあれ、天皇制議論の開かれた場を、あくまで追求しつづけるべきだろう。


（原題「『自我の下血』をくいとめるために」『新地平』一九八八年一二月号）

「ベアテの日本国憲法」と皇室典範の改正

ベアテの日本国憲法

「マッカーサーはフェミニストではなかったと思いますよ、なぜなら……」

そこまで言って、彼女は笑い出してしまった。あかるい笑い声だった。聴衆はキョトンとして白髪の白人女性の口元をみつめる。

「なぜなら、ミセス・マッカーサーは夫が死んでからのほうがずっと元気になりましたから……」

会場がどっと沸く。日本の戦後の女性解放は占領軍総司令官ダグラス・マッカーサーの指令によるところが大きいというが、彼はフェミニストだったのだろうか？　会場からのこの質問に対する答がこれだった。

一九九三年五月四日、東京都女性情報センターで開催された「ベアテ・シロタ・ゴードン来日記念講演会」は超満員、会場には終始なごやかな笑いがあふれていた。それはまずは講演者ベアテ・シロタ・ゴードンの率直でユーモアに富んだ人柄による。しかしそれだけでなく、「憲法」というハードでいかめしいものが、このいきいきした小柄な女性の生身に重ね合わされることで、血の通ったものに感じられるようになったからだろう。

前日五月三日の憲法記念日には、東京・有楽町マリオンで「つらぬこう平和憲法　九条改悪を許さない女たちのつどい」が開催された。その会場も超満員、女たちの熱気あふれる憲法集会だったと聞く。この四日の講演会も、テーマは「憲法」だった。

ベアテ・シロタ・ゴードンは、四七年前、GHQ民政局の一員として日本国憲法の草案づくりにたずさわった。そのとき彼女は、わずか二二歳。彼女が書いた女性の権利に関する条項は、憲法十四条の「人種、信条、性別、社会的身分又は門地」による差別の禁止や、二十四条の婚姻における男女の平等規定に結実している。この二つの条項が戦後の日本の女性解放にもった意義をおもうとき、彼女の果たした役割は大きい。

しかし彼女の存在は、これまで日本の女性に知られていなかった。憲法学者西修（駒沢大学教授）は、一九八四年、アメリカでベアテにインタビューし、その証言を『日本国憲法の誕生を検証する』（学陽書房　一九八六年）で紹介している。しかしそれは、あくまで憲法制定過程を明らかにするためだった。

フェミニズムの観点から彼女をはじめて紹介したのは、アメリカのスーザン・ファー（ハーバード大学政治学教授）らしい。ファーは、日本の戦後の女性解放政策のうち、「注目に値するのは、女性の権利保障を最高位の法である日本国憲法に明文化することを決定したことである」とし、十四条の性別による差別禁止は、八〇年代以後アメリカのフェミニストたちが要求しているERA（Equal Right Amendments）の先取りだという。

また二十四条は、男女平等を私生活においてまで規定したものであり、現在においてさえ「世界中のほとんどのどの憲法よりも進んだもの」だという（「女性参政権と男女平等を規定した新憲法の成立過程」横田啓子抄訳『日米女性ジャーナル』12号　一九九二年）。

なぜ占領下の日本で、こうした急進的な改革が行なわれたのか？　ファーはこの問題意識のもとに研究をすすめ、ベアテの業績を論文にまとめたのだった。

今回のベアテの来日は、テレビ朝日の招きによるものらしい。四月から五月にかけて彼女は何度か『朝日新聞』やテレビに登場している。わたしも、それらによって初めて彼女について知ったのだった。五月四日の講演会は、全国フェミニスト議員連盟など一三の女性団体で構成する実行委員会によるが、リーダーシップをとったのは、東京都議の三井マリ子、所沢市議中嶋里美だった。

ベアテの話を聞きながら、わたしのなかにはいくつか矛盾する感情が交錯していた。

まず、恥ずかしい、という思いがあった。彼女の存在を知らなかったことだけでなく、そもそも憲法十四条、二十四条の成立過程にまったく無関心だったのが恥ずかしい。もちろん女性にとって意味のある規定だと思っていたし、ときにはそれを振りかざして男をやり込めたこともある。しかしそれは、いうならば水戸黄門の葵の印籠のようなもので、シモジモには手の届かない「不動の権威」だった。

それが、なんと弱冠二二歳の親日派のユダヤ系女性ベアテ・シロタの孤軍奮闘の結果だったとは！　彼女は、焼け野原の東京をかけめぐって資料を集め、四一項目もの女性の権利に関する条項を作成したという。それがGHQ内部の男たちに削られ、日本側の抵抗に遭い、ようやく残ったのが十四条、二十四条だったのだ。

目の前の白髪の女性の口を通して語られるその成立の経緯と、「不動の権威」との落差にわたしはとまどい、しかしやがてふかい感動にとらえられていた。

「ベアテさんがいなければ、戦後の日本の男女平等はなかった」という講演会場での発言はややオーバーだとしても、彼女が草案づくりに加わっていなければ、とくに二十四条の「両性の平等」規定が憲法に入った可能性はまずなかったろう。

そして憲法二十四条がなければ、妻を「無能力」状態においた旧民法の改正は、もっとずっと困難だったろう。「日本のうるわしい家制度」に固執する男たちが不承不承ながら民法改正を認めたのは、二十四条あったればこそだった。

もちろん改正民法にも、戸籍制度や夫婦同姓原則など問題は多々ある。また憲法二十四条の帰結としての「近代家族」そのものがはらむ問題もある。十四条についても、人種、信条、性別による差別禁止は評価できるが、「社会的身分又は門地」による差別禁止規定は、逆にいえば天皇制や被差別部落の存在を前提にしているということで、問題はある。

しかし、だからといって十四条、二十四条がないほうがよかったとはぜったいにいえない。四七年前のベアテの努力に、わたしは日本の女の一人として素直に感謝したいと思った。

その一方で、じつは羨望と腹立たしさのようなものも感じていた。

「ほんとうに興奮に満ちた、すばらしい、やりがいのある日々でした」と、ベアテは草案作成にたずさわった九日間をふりかえる。

そりゃそうでしょうよ、ベアテさん。自分の筆先一本で一国の何千万という女性の運命を左右できるのだから。興奮したでしょう、やりがいがあったでしょう。それができたのは、あなたが勝者の一員で、マッカーサーの権威を背負っていたからです。

ここで、まてよ、とおもう。これはまずい。これでは、日本国憲法は占領軍の押し付けだ、という改憲論者と同じことになってしまう。ベアテがこれまで、憲法制定に自分が果たした役割について沈黙を守っていたのは、それがあったからだという。

「憲法を変えるため、『こんな若い女性が書いた』と言い出す人もいたんです。利用されたら憲法が困ると思い、インタビューもみんな断りました」(「ベアテの日本国憲法　下」『朝日新聞』九三年四月二八日)

では、なぜいま口を開いたのだろう？　ＰＫＯ派兵を契機に急激に改憲論がたかまっている現在、彼女の存在がマスコミを通じてクローズアップされることは、改憲論を利することにならないだろうか？

考えてみれば、朝日系のマスメディアが今年になってにわかにベアテをもてはやすのは、社会党や「護憲派」学者にまで広がった憲法見直しの動きと無関係ではあるまい。憲法の不動性が揺らいでいるいま、これまでとはちがったかたちで「憲法記念日もの」をやりたい――。そのとき浮かび上がったのが「女性路線」、つまり「ベアテの日本国憲法」だった、というのはありそうな話ではないか。

『世界』六月号に、ベアテのインタビュー「私はこうして女性の権利条項を起草した」が掲載されているのも、それを裏づけるものかもしれない。『世界』はその四月号で古関彰一・前田哲男・和田春樹らによる「創憲論」的「平和基本法」の共同提案を掲載しているからだ（「『平和基本法』をつくろう」）。

この共同提案は、憲法見直しの動きを進めるうえで画期的な意味をもつものとして論議を呼んでいる。天野恵一は『インパクション』（80号）で、これを「解釈、あるいは明文『改憲』を、というマスコミのつくりだした時流に迎合する主張」と批判している（「『非武装国家』理念の現在」）。

『世界』のインタビューでベアテは、「もし憲法を書き換えるとすればどのように変えたいか」という質問に対して、「まったく変えたいとは思いません。素晴らしい憲法です」と答えている。この発言は「護憲派」のものである。ベアテの講演会を設定した女たちの意図も、あくまで「護憲」にあったろう。

しかし、ベアテ自身が心配していたように、「こんな若い女性が書いた」とマスコミでとりあげられることで、憲法全体の「権威」を揺るがせ、結果的に「護憲」の意図との逆の働きをする可能性はないだろうか。

そうした恐れがないとはいえない。しかしわたしは、今回ベアテが来日し、彼女の口を通して憲法十四条、二十四条の成立の経緯が明らかにされたことはやはりよかったと思う。日本の女性の戦後に大きな関わりをもつ「歴史的事実」がようやく明らかになったことは、まずはそれ自体として意味があることだ。

また、十四条、二十四条の意義は、草案作成者が二二歳の女性だったからといって減じるものではけっしてない。わたしがそうであったように、それを知ることで憲法を身近に感じるようになった女たちも少なくないのではないか。憲法は天与の「不動の権威」でなくて、一人の女性の熱い思いによってつくられたものなのだ――。こう思うことで主体的に憲法を受け止め、「自分のもの」としてその内実をつくっていこうとするひとびとが増える可能性はある。

憲法は、ただ遵守すべき「金科玉条」、黄門サンの葵の印籠のようにふりかざす「権威」であってはならない。それでは憲法は「天皇」になってしまう。

こうしたあたりまえのことに、改めて気付かせてくれた点でも、わたしはベアテに感謝している。

ちょっと待って、その結婚

さて、ベアテの講演会から一か月たった六月五日、東京新宿の婦選会館で「ちょっと待って、その結婚！　男だけの皇位継承権と各国事情」という女性のシンポジウムが開かれた。いうまでもなく、六月九日の皇太子の結婚を前にして、女性の視点から異議申し立てをしようというものだ。

こうした趣旨の女性の集会は全国各地で開かれたが、このシンポジウムは、副題にあるように「男だけの皇位継承権」を、はじめて正面きって問題にしたところに特徴がある。主催の中心は、ベアテの講演会と同じ三井マリ子・中嶋里美の両議員。パネラーは、三石久江参議院議員（社会党）、女性史研究家の鈴木裕子、三井マリ子、それからわたしの四人。

三石は、象徴天皇制を前提に「男だけの皇位継承権」について国会質問した体験を報告し、皇室典範の違憲性を提起した。憲法十四条、二十四条違反ということである。

三井は、ヨーロッパの王制をとっている国で女性の王位継承権が認められてきている実情を報告し、日本のフェミニズム運動が「男だけの皇位継承権」を問題にしないことを批判、「改良主義」の意義を主張した。

それに対して鈴木は、天皇制はあらゆる差別の元凶であり、女性に皇位を認めたところでそれが解消されるわけではない、皇室典範改正はかえって問題を陰蔽するものだと反対を表明した。

わたしの話はややこしい。原則的立場は鈴木と同じ、女性が天皇になったところで天皇制の本質が変わるわけではない。しかし、皇室典範改正は提起すべきだと主張した。

これについては、すでにこの欄でも書き、何人かの方からご批判をいただいた。天皇制容認論と見られたためだ。このシンポジウムでもそうした視点からの批判がわたしに集中した。

わたしの提起は皇室典範を改正すべきだというのではなく、改正を提起すべきだという提起なのだが、このちがいはたしかにややこしい。つまりわたしは、皇室典範改正はそう簡単に通るはずはないという状況判断に立って、その提起がまきおこすはずの天皇制論議自体が天皇制無化への道程になると思っているのだ。マスコミでもっとオープンに天皇制論議がなされないかぎり、「天皇制廃止」などはただのスローガンにすぎない。だからマスコミに発言の場をもつフェミニストによる提起を期待していた。

しかしたしかに、この天皇制論議における「女性路線」は、マスコミにおける「ベアテの日本国憲法」と同様の危うさをはらんでいる。「ベアテの日本国憲法」が憲法見直しという「現実主義」につながる危険性があるように、皇室典範改正という「改良主義的女性路線」が、天皇制の本質を見えなくするだけに終わる危険性はある。

わたしもまた、天野のいう「マスコミのつくりだした時流に迎合する主張」をしているのだろうか。

(連載「フェミニズムのヘクトパスカル」第4回、『インパクション』八一号、一九九三年七月)

反天皇制運動にフェミニズムの風を

なんと愚かなことをしているのだろう。一日も早い廃止を願う天皇制のために、女帝が容認されたところで打倒の対象でしかない天皇制のために、敬愛する友人たちと対立するなんて、愚の骨頂ではないか……。

とはいうものの、みずから蒔いたタネの感もある。せめて実りある論争にしなければ、と思う。『インパクション』九九号「メディア・チェック」で、天野恵一は「今なぜ、『女性天皇制』か——加納実紀代の女帝容認論批判」と題してわたしを批判している。その趣旨はおおむね以下のようなものだ。

①これまで加納は女帝容認発言をしていたが、それは「象徴天皇制を批判するための論議をつくりだす提案」と受け止めていた。しかし『週刊金曜日』（九六年三月八日号）での天野・加納対談「アブナイ『女性天皇制』論」など最近の発言をみると、どうやら本気で女帝容認による天皇制の「改良」を考えているらしい。これはとんでもないまちがいである。雅子・紀子に男の子が生まれ

ないことから「支配者たちがこぞって『女性天皇』という政策を選択せざるをえなくな」った現在、「世襲による特権的天皇制」の延命・再編強化の片棒を担ぐことになる。

②反天皇制運動とは、差別と抑圧の元凶である天皇への民衆の「幻想、倒錯を一つ一つ具体的に打ちこわし、天皇制（国家）に依存することを自明とする自分を含めた民衆のありかたを変え、天皇制からあたうる限り自立した民衆相互の関係をつくりだしていく多様な小さな努力のつみあげの生活のなかでの持続」であって、「権力の政策にうまく内側から介入して一挙に成果を手にしようという『運動』の発想」は天皇制共同体国家を肥え太らせるだけである――。

①は状況論で、②は反天皇制運動とはなにか、という本質論といえる。天野だけでなく、わたしの「女帝容認」発言に対しては、昨九五年秋から『反天皇制運動NOISE』や『情報センター通信』、『Fifty・Fifty』、あるいは九六年六月と一〇月にもたれた集会などを通じて、大川由夫・桜井大子・中川信明・鈴木裕子・池田祥子・池田浩士らが陰に陽に批判していた。それぞれに視点や立場の違いはあるものの、大筋としてはこの天野の批判に集約されるといっていいだろう。

この①②とも、わたしは基本的には異議はない。ただに①ついては、「支配者たちがこぞって『女性天皇』という政策を選択」したとは思っていないし、女性天皇容認論の背景には世界的なフェミニズムの潮流もあると考えている。

しかし現在、それが急浮上したのは天皇制維持派の危機感によるところが大きい。そのなかで

「女帝容認」発言をすれば、彼らに塩を送る結果になる恐れは大いにある。それなのに、なぜわたしはいまだに「女帝容認」発言をつづけているのか。

男尊女卑が天皇制を強化した？

大川由夫が『反天皇制運動NOISE』一七号（一九九五年一〇月）の「加納実紀代の女帝論？・」であきらかにしたように、わたしが最初に「女帝容認」ととれる発言をしたのは一〇年近くまえに書いた「女天皇・是か非か」（二一二ページ）である。これは一八八二（明治一五）年、『東京横浜毎日新聞』に連載された嚶鳴社による「女帝を立るの可否」論争を要約紹介したものだが、その文章の最後でわたしは、支配層の男たちの女帝否定の論理をみるとき、女帝容認はあんがいに天皇制廃止への早道かもしれないといった趣旨のことを書いた。

もちろん本気でそう思ったというよりは、議論のための問題提起といった意味合いがつよかった。しかしそのときから、女帝問題を反天皇制の側できちんと議論しておくべきだと考えるようになったことはたしかだし、以後その思いはますますつよくなった。今回の批判によれば、天野はそれを〈なにがなんでも男で、女を排除しよう〉という『女帝拒否』の理論と、そんな論理をゴリ押ししようとしたかつての支配者への反発」とみているが、ちょっとちがう。

「女帝を立るの可否」論争は、いまでは『日本近代思想体系2　天皇と華族』（岩波書店　一九八八年五月）に全文収録されていて手軽に読める。しかしわたしがこの資料を見つけたのは一九八六年、

『東京横浜毎日新聞』の読みにくい紙面においてだった。そのときの衝撃はいまだに忘れない。

まず一般新聞紙上で、天皇制についてアッケラカンと議論されているのにびっくりした。

そして天皇の権威なるものが、明治政府によってつくりあげられたものにすぎないこと、にもかかわらず日本人は、言論表現の自由が保障されている現在において、なおその虚構の権威にひれ伏したままであることを実感した。せめて一〇〇年前の女帝論争程度のことがマスコミで議論できるようにならなければ、反天皇制は永遠に少数者の自己満足にすぎないとも思った。

さらに驚いたのは、つくられた天皇の権威と女帝否定の関係である。この論争において、八代一〇人の女帝が存在した皇室の伝統、欧米における男女平等の機運、皇位継承権者が増えることなどを理由にした女帝容認論に対して、嚶鳴社リーダー沼間守一、島田三郎らは断固不可の論陣を張る。その論拠は女帝では「至貴至尊」たる天皇の尊厳に傷がつくということだ。
①妻は夫に従うべきだとされるから、女帝が結婚した場合、夫に従わねばならない。
②また夫が妻を動かして政治を左右する恐れがある。
③「腹は一時の借りもの」という諺があるように、子どもの血統は父親によってたどられる。となると皇太子が生まれても、「人臣の血統、皇家に混ずるの疑惑を来たし、ためにその尊厳を害する」恐れがある。したがって皇位は男子に限って、「我皇統に毫末の疑心を懐かしむべからず、万世一系の帝統たることを明白ならしむるを勉むべし」(沼間守一の発言。加納・天野編『反天皇制』社会評論社　一九九〇年)。

いずれにしろ、極めつきの男尊女卑である。これは自由民権運動家たちによるディベートにすぎなかったが、沼間・島田の女帝否定論は井上毅を通じて伊藤博文に達せられ、けっきょく女帝排除の憲法と皇室典範に結実する。

一八八九年制定の帝国憲法はその第二条で「皇位ハ皇室典範ノ定ムル所ニ依リ皇男子孫之ヲ継承ス」、皇室典範は第一条で「大日本国皇位ハ祖宗ノ皇統ニシテ男系ノ男子之ヲ継承ス」と女帝排除を定めた。このときの皇室典範は、現在とは違って憲法と同格である。女帝排除は国家の最高法によって二重に規定されたわけだ。

ここで確立した「家父長制的家族国家」は、とうぜんながら個々の家族をも規定した。ボアソナード民法は家制度を規定した明治民法につくりかえられ、日本女性全体を抑圧することになる（二二九ページ参照）。

それによって天皇の権威強化と支配の確立をもたらしたことを思えば、日本民衆全体、さらにアジアの人びとの抑圧にもつながったといえる。

メディア天皇制の男尊女卑パフォーマンス

しかし問題は〈現在〉である。戦後、新しく定められた憲法の二条からは「皇男子孫」が消え、たんなる「世襲」になった。皇室典範は憲法の下位法になった。しかしその一条は、「大日本国」と「祖宗」が消えたものの、内容的には戦前そのまま。戦後象徴天皇制のさまざまな「民主化」にもかかわらず、明治国家によってつくられた近代天皇制との連続性を厳然と示している。

そのことは皇室女性にだけ関わる問題だろうか。天野は、一条改正によって「『世襲による特権的天皇』になれる例外的な女性がでてくるということが、この社会で生きる多くの女性たちへの『差別』を少なくしていくことと、どのように関係しているというのか」という。関係ない、というわけだ。

しかし一国の成文法に定められ、憲法との矛盾を犯してまで堅持されてきた条文が、一般民衆にまったく関係ないなどということがあるだろうか。

皇室典範は、さしあたり皇室という特権的ファミリーのありかたを規定するものだが、そのファミリーは国家の支配のシステムとして位置づけられている。そしてその支配力、権威の根拠は世襲という血の連続性にある。だとすれば、その血の連続性をいかなるかたちで保障するかは、天皇制というシステムの根幹に関わる。当然「多くの女性たち」だけでなく男性にも関わる。

それは皇室にかぎらない。「個人的なことは政治的」というのは七〇年代以来の第二波フェミニズムが発見したテーゼだが、家族や性の問題はたんに女子どもの問題ではない。男の問題であり、一国の政治問題である。

今回の夫婦別姓を含む民法改正案に対する右派の猛烈な巻き返し、また「従軍慰安婦」問題にたいする、最近の藤岡信勝や小林よしのりらの執拗な反対をみても、それはわかる。

さらに、血の連続性の保障、つまり相続のありかたは日常性を規定する。いま皇室の女性がつねに夫の後ろを歩き、息子に敬語を使わなければならないのは、皇室典範第一条の男系男子規定によるといっていい。そして「お言葉」を読み上げる夫の側で、ただ微笑を浮かべているだけの美智子皇后や雅子妃の〈ふるまい〉は、メディアを通して日常的に流されているのだ。そのことが「この社会で生きる多くの女性たちへの『差別』」と関係ない、などということがあるだろうか。

九六年一〇月二七日の「いま、なぜ『女性天皇』か」集会で池田浩士は、「われわれの反天皇制とは『象徴』に自らを預けてしまう非自立性とのたたかいであり、そうであるならば女帝の登場に女性差別解消をみるような姿勢は『象徴』への屈服である」というような発言をした。そのとおりだと思う。わたしの反天皇制もそれ以外ではあり得ない。

しかし、土井たか子が衆議院議長に就任し、高い所から男性議員を指名している姿がテレビで伝えられたときの女性教師の言葉が忘れられない。

「女でもああやって男に指図してもいいんだとテレビで日常的に伝えられることが、どんなに女の子たちの励ましになることか…」

また最近、『銃後史ノート』の最終号として『全共闘からリブへ』(インパクト出版会)をまとめたが、その過程で二十代・三十代の女性から「子どものころピンクヘルメットで男をやっつけてるリブをテレビでみて嬉しかった」という声を聞いた。わたしにとってピンクヘルの榎美沙子はリブの簒奪者でしかなかったし、マスメディアも嘲笑的に彼女たちの活動を伝えた。しかし、少女たちには、肯定的なメッセージとして届いていたわけだ。

マスメディア、とりわけ映像メディアというものは、受け手の無意識に働きかけて思いがけない結果を生む。残念ながら、土井議長の登場によって変わった国会の〈風景〉が一般の無意識に働きかけたものは、きっとわたしが考える以上におおきいだろう。そして天皇制の問題はマスメディアぬきには考えられない。

皇室典範一条の改正（「男系の男子」を「子女」に変える）は、数十年後に秋篠宮の長女真子、あるいはその他の女性皇族が象徴天皇に就任可能になるということだ。そんなさきまで天皇制が続くなどと考えるさえ気の滅入ることであり、わたしは生きていないので知ったことでないというのがホンネだが、皇族女性の「男尊女卑」パフォーマンスにはただちに微妙な影響が出るはずだ。メディアの扱いも違ってくる。そのことは、とりあえず「この社会で生きる多くの女性たちへの『差別』を少なく」することにつながるとわたしは思うのだ。

だからといって、それで象徴天皇制の差別性が解消されるわけではもちろんない。「国民統合の象徴」としての天皇制は、「国民」でない人びとの差別排除と表裏一体であり、被差別部落や「障害者」差別の象徴でもある。女帝が容認されたところで、「世襲」であるかぎり皇族女性への子産み抑圧はなくならない。

しかし、だから「女帝容認」に反対というのは消極的すぎる。たしかに「女帝容認」によって天皇制の差別的本質が隠蔽される恐れはあるが、それを越える運動をつくってゆかなければ、反天皇制運動に展望はないと思うのだ。

反天皇制運動にフェミニズムの風を

とはいうものの、これで批判者の方々を納得させられるとは思えない。皇族女性の「男尊女卑」パフォーマンスとメディアの問題など、さきの池田の言葉を借りれば象徴天皇制とメディアへの「屈服」であろう。「大衆の無意識」への屈服ともいえる。そしてそれは、つねに天野のいう「天皇制共同体国家」への屈服に帰結したのは歴史の教えるところである。

それなのに、なぜヤッキになって「女帝容認」を主張するかといえば、ひとことで言えば反天皇制運動にフェミニズムの視点が必要だと思うからである。にもかかわらず、日本のフェミニストの発言がないからである。

大川由夫がていねいにあとづけているように、皇室典範一条と憲法十四条との矛盾は国会で何度も問題にされている（「『女帝』問題の五〇年」『「女帝」で天皇制はどうなる』社会評論社　九六年一〇月）。八五年には社会党（当時）議員の久保田真苗が女性差別撤廃条約との矛盾を問い、九二年には同じ社会党の三石久江議員が憲法十四条との矛盾を問題にしていた。これらはもちろんフェミニズムの視点によるものだが、運動の課題として一般に提起されてはいない。

唯一の例外は、皇太子結婚直前の一九九三年六月、東京都議（当時）の三井マリ子らが主催した「ちょっと待って、その結婚！　男だけの皇位継承権と各国事情」と題する集会だけである（二四四ページ参照）。これまでのところ、それ一回で終わっている。なぜだろうか。

現在世界には、直接的な支配者といえるかどうかはべつとして、世襲による国家元首をいただく国が二八ヵ国ある。うち一〇ヵ国はヨーロッパ王室だが、すべて女子の王位継承を認めている。そのうちスウェーデン、オランダ、ノルウェー、ベルギーなどは、七〇年代以後のフェミニズムの盛り上がりの中で、男女に限らず第一子に王位継承権を認めるよう憲法を改正している。イギリスも、「ダイアナ騒動」による王室の権威低下を巻き返すために、現在の男子優先を改めて、第一子からに改正する動きがでている。アジアでも、タイ王室は女子の王位継承を認めているから、あくまで女性排除で頑張っている国は、日本と、あとはイスラム諸国が中心になる。

天野は日本のフェミニストがヨーロッパのシリ馬に乗って、「女帝容認」を主張することを警戒しているようだが、これまでのところ三井マリ子以外の動きはない。わたしは天野とはぎゃくに、そのことに危機感を持つ。皇太子妃決定の報に「キャリア・ウーマンが認知された」などとハシャいだフェミニストたちの沈黙の背景に、天皇制に対する〈おびえ〉と反天皇制運動に対する忌避を感じてしまうからだ。

鈴木裕子が指摘するように、それには日本のフェミニズムの戦中の総括のなさや天皇制に対する認識の低さもあるだろう。しかし反天皇制運動のがわにも問題はあるのではないか。

あらゆる問題にジェンダーの視点が欠かせないのはいうまでもないが、とくに天皇制の問題はさきに述べたように「世襲」と「ファミリー」がキーワードであるだけに、フェミニズムが切り開いたものから学ぶべきものは多い。というよりは、それなくしては反天皇制は不可能だとさえ思うが、そうした姿勢はあまり感じられない。桜井大子の「天皇制は女であるか?・」（前掲『「女帝」で天皇制はどうなる』所収）はまさにその視点からのもので、貴重である。「母性的天皇制」を持論とするわたしにはその結論も同感できる。

『週刊金曜日』（前掲）の「女帝」問題をめぐる天野との対談の話がきたとき、わたしはもっとスジガネ入りのフェミニストとの対談にすべきだと主張した。天野にフェミニズムをぶつけるには、わたしでは役者不足だと思ったからだ。ふつつかながら引き受けたときには、フェミニストの立場であえて対立点を浮き立たせることを心掛けた。対談は成功しなかったが、そのこと自体は間違っているとは思っていない。

多元主義というのか、複合的アイデンティティというのか、〈解放〉を考えるにあたって、一つの軸では考えないのがわたしのスタンスである。そもそも銃後史にこだわったのも、侵略戦争における女性解放という〈民族〉と〈ジェンダー〉の矛盾対立をどうすれば止揚できるのか、その答えを何とか見つけだしたかったからである。

そして二〇年たってわかったことは、やはり残念ながらそれを一挙に止揚できる道はないということだ。ひとつひとつ、いくつかの軸をクロスさせながらていねいに考えてゆくしかないということだ。

「女帝」問題についてもそうだ。「女帝容認」は〈ジェンダー〉という軸で考えれば、さしあたりプラスはある。しかし〈民族〉や〈階級〉という軸でみれば、もちろんマイナスである。それらの矛盾対立する軸のすり合わせの中から、どんな結論が出るかはともかく、その過程自体が反天皇制運動といえるだろう。

このところ大モテの藤岡信勝の「自由主義史観」なるものはとんでもないシロモノだが（彼の「教科書に『従軍慰安婦』はいらない」には、トンチンカン極まる初歩的まちがいが少なくとも二つはある）、彼が提起したディベートという方法論はわたしは評価しているのだ。

それでいえば、『週刊金曜日』の対談で、わたしは疑問を出している。

さきに書いたようにヨーロッパ王室はこの間すべて女王容認に変わったが、「そうしたヨーロッパ王室と天皇制はどこがどう違うのか。右翼は違うというのだけど……」

この疑問は宙に浮いてしまったが、じつはわたしはいまだにこだわっている。世界の潮流、少なくとも〈北〉の王制の国がすべて女子の王位を容認しているなかで、「女帝」否定を貫くとすれば、天皇制特殊論に立たねばならない。そこで右翼の天皇制護持論と峻別するのはかなりむずかしいのではないか。

いちども民衆が天皇の首を切ったことがない、革命を起こしたことがない、家族国家、共同体志向……と日本の特殊性、天皇制とヨーロッパ王制の違いをあげることはできる。しかしそれらは天皇制護持派の論拠でもある。戦中に文部省がだした『国体の本義』の「世界に比類なき家族国家」論と重なってしまう。

日本の特殊性、天皇制の特殊性はたぶんあるだろう。しかし未来を考えるとき、それに立脚するよりは、それをどうひらくかという方向で考えるべきだろう。

それに、ヨーロッパ王室の女王容認やイギリス王室の離婚騒ぎをみると、国民国家の統合のシンボルとしての王制が、制度疲労を起こしていることを感じる。

それにはたぶん、フェミニズムも関わっている。フェミニズムは前近代的家父長制と同時に近代家族におけるジェンダーをも問題にしてきた。その結果、近代家族すら解体に向かっている今日、前近代的家父長制家族としての王室が国民統合のシンボルとなり得ないのは当然である。

ヨーロッパ王室の女子の王位容認はその制度疲労の弥縫策、王制の延命策だろう。しかし近代国民国家自体が解体の相を呈しかけているようにも思える。延命策はいつまでもつだろうか。

ひるがえって、日本の天皇制はどうか。

こうした疑問にもつきあっていただけるとうれしい。そのほうが反天皇制運動の風通しがよくなると思うのだ。


（連載「フェミニズムのヘクトパスカル」第15回、『インパクション』一〇〇号、一九九六年一二月）

〝女帝〟は男女平等の未来を開くか

ロイヤルベビー誕生に寄せて

二〇〇一年一二月一日正午、横浜港では停泊中の船の汽笛がいっせいに鳴った。八年目に生まれたロイヤルベビーを祝してのことである。

六八年前の一二月二三日には、日本中でサイレンが鳴った。生まれたのが男児だともう一度鳴ることになっていた。人々が固唾《かたず》をのんで耳を澄ますなか、「鳴った鳴った　ポーポー／サイレンサイレン」（北原白秋作詞「皇太子様お生まれなった」）。五回目の出産で、ついに男児誕生！

今度も、男の子だったら横浜港の汽笛はもう一回鳴ったんじゃない？　株も上がって、不景気風を吹っ飛ばしてくれたかもしれない……。「鳴った鳴った」の歌にあわせて踊ったという七〇代の女性は言う。こうしたさめた見方は、電車の中や美容院などでも耳にした。

男女共同参画を理由に

しかしマスコミは、有名人を動員して「オメデトウ」一色。その一方で「女性天皇容認」論が急浮上している。自民党の野中広務・元幹事長が「男女平等参画社会」を理由にあげたように、論拠の主流は男女平等論である。たしかに九九年六月に制定された男女共同参画社会基本法にはあらゆる分野における男女の共同参画がうたわれている。それなのに女性は天皇になれないなんて、時代錯誤もはなはだしい、というわけだ。

しかし、女性天皇問題はいまに始まった議論ではない。現在皇位は「男系男子」に限ると皇室典範で定められているが、その元は一八八九年制定の旧皇室典範第一条である。それが戦後、法律として定め直される際にも踏襲されたわけだが、そのときも性別による差別を禁止している憲法十四条との矛盾が指摘された。また一九八五年の女子差別撤廃条約の批准にあたっても問題になった。オランダ、スウェーデンなどの王室は、その時期に女性に王位を開放している。

それなのに、日本がいまだに女性排除を貫いているのはなぜなのか。

四六年一〇月、吉田茂内閣当時の政府見解を見ると、最大の理由は女性が天皇になった場合の配偶者問題にあるとわかる。最近も女性天皇反対派の大原康男・国学院大学教授が、女性天皇の配偶者に対する「国民感情」と、子供が生まれた場合皇位が「女系」、つまり女性天皇の子孫に移ることを問題にしている。なぜ、それが問題なのだろう。

女系は「万世一系」に傷

その答えは、いまを去る一二〇年前、自由民権論者の間で行われた女帝是非論争、とりわけ『東京横浜毎日新聞』を創刊した言論人、沼間守一の反対意見の中にある。すなわち、日本社会には、「妻は夫に従うべし」という通念があるから、女性天皇が結婚すると日本最高の権威とみなされない恐れがある。また「腹は一時の借物《かりもの》」といわれるように母親は単なる「腹」、子どもの血統は臣下である父親によってたどられるから「万世一系」の天皇の尊厳に傷がつく。

この女帝否定論は井上毅を通じて伊藤博文に伝えられ、大日本帝国憲法と皇室典範の「男系男子」規定につながった。女性は、天皇の権威確立のために、「男尊女卑」の社会通念を理由として皇位から排除されたのだ。その後、それにならって家制度が作られ、一般の男尊女卑が制度化された。さらに、戦前日本の軍国主義が天皇の権威と不可分であったことを考えると、「男尊女卑」の被害はアジア一帯に及んだというべきだろう。そうした女性排除がいまだに続いている。たしかにとんでもない時代錯誤ではある。

しかし、では女性天皇を容認すれば、男女平等の理念に合致するのだろうか。

天皇制とは血統に権威の根拠をおくシステムである。そうである限り女性天皇が認められても、皇室に入った女性には子産みが強制される。自分の言葉でしっかり語っていた極めつきのキャリア女性「小和田雅子」さんが、皇太子妃になったとたん、ひたすらおなかのあたりを注目される存在になったのは周知のとおりだ。

「子産み」と自己決定権

男女共同参画社会とは、女性が男性と同じ数だけ社会に参加すればいいというものではない。男女共同参画社会基本法を貫く精神は、女性の人権と多様な生き方を尊重するということだ。産む・産まないは女性自身が決めるという「リプロダクティブ・ライツ」を軸に女性の人権、とりわけ自己決定権がクローズアップされている現在、血統に価値をおき、子産みが不可欠とされる皇室が時代の流れにそぐわないのはいうまでもない。

夫婦別姓容認派や離婚件数の増加にみられるように、夫婦や家族を単位とした制度から、「個」を単位とした制度へと、世論は明らかに動いている。世襲家族を基盤とする天皇制は「個人の尊重」に反し、「人間平等」に矛盾する。そうした存在を国の「象徴」として仰ぎ続けることと時代との齟齬《そご》は、ますます大きくなっているように思える。

日本の将来を開くためには、天皇制存続のために女性天皇容認をいうより、天皇制を存続させるべきかどうかについて議論すべきだろう。

(『朝日新聞』大阪本社版、二〇〇一年一二月二八日)

第4章　「平成」への発言

「昭和」から「平成」へ

このままでいいの？　天皇問題

一九八八年一〇月はじめ。夜中近くに、知らない女性から電話があった。かなり興奮していて、すぐには話のスジがつかめなかったけれど、概要、つぎのようなことだった。

――子どもの幼稚園で、今日やっと雨があがったので、延び延びになっていた運動会をやることになった。母親も手伝って、子どもたちがせっせとつくった万国旗を飾っていたら、「天皇陛下が御病気なのにとんでもない」と引きおろされてしまった。それだけでなく、「紅白玉入れもよくない」と、プログラムの「紅白」に墨を塗らされた――。

「それで紅白玉入れはやらなかったんですか？」

「やりました。赤と白の玉を投げたのに、紅白って言っちゃいけないっていうんです。そんなバカな話ありますか！」

ほんとうに、何ということだろう。「健全な心身の発達」を促すはずの運動会で、そんな不健全なことがまかり通るとは――。

天皇の病変が伝えられて以来、これに類する話はあっちでもこっちでもあった。これではまるで、天皇が「現人神」であった旧憲法時代そのままではないか。

また、天皇代替わりを目前にして、あらためて皇室典範をひらいてみると、皇位継承におけるあまりにも明らかな女性差別に愕然とする。もともと天皇制は、人間平等の理念とは真向から相反する差別の根源、とはいうものの、これほど明らかに女性差別にもとづく天皇代替りを目前にして、ただ黙っていていいのだろうか。

というわけで、一〇月中旬になって急遽、女性の集会を開こうということになった。名称は「このままでいいの？　天皇の問題――主権在民の観点から」。

時は一一月二三日。会場は東京渋谷の山手教会。個人の資格で呼びかけ人になってくれる人を募ろう、ということになったが、さて、名前を出して呼びかけ人になってくれる人がどれくらいいるかしら？

ことは天皇の問題であり、こちらも少々〝自粛〟気味。おそるおそる電話をかけたり、手紙を出したりしたところ、「よくぞ声をかけてくれた！」「待ってました！」という予想外の熱い反応。一週間ほどのあいだに七三〇人の呼びかけ人の名前が集まった。その後も増えるばかり。

しかし、ほんとうに当日集まってくれるかしら。直前にXデー、なんてことになったらどうしよう？　心配のタネは尽きなかった。

さて、一一月二三日集会当日。一時開会だというのに、一二時前からどんどん人が集まりはじめ、一階から三階まで一二〇〇余の座席はたちまち満席。補助椅子を出しても追いつかず立見が出る有様。

作家住井すゑさんの講演が終って会場発言にうつると、あっちからもこっちからも手があがって、「このままではよくない！」という女たちの熱い想いが会場にあふれる。

ほんとうに、「王様は裸だ！」と、だれかが声をあげさえすれば、受けとめる人はいっぱいいるのだ。それを実感できたのが、何よりの収穫だったといえるだろう。

（『月刊労働組合』一九八九年一月号）

マザコン国民からの脱皮を

私が生まれた一九四〇年は、「紀元二千六百年」だった。私の名前の「実紀代」は、「紀元二千六百年」の「紀」と「君が代」の「代」をとったのだという。生まれたとたんに、天皇制をベッタリはりつけられたわけだ。

しかし私が、天皇および天皇制に関心をもつようになったのは、十数年前、戦時中の女性の歴史を見直すなかで、天皇が〈母〉とのアナロジーでほめ讃えられているのを知ってからだ。

戦時下の刊行物には、天皇の国民をおもう心（大御心）は、子のためにはわが身を顧みない母心よりも、さらに深く広い——といったことばが、やたら出てくるのだ。極めつきの戦犯のはずの天皇が、母心の権化だなんて——。とんでもない話である。

しかし同時に、なぜ戦争が、裕仁天皇が「平和天皇」として、日本国民の大かたにすんなり受け入れられたのか、その理由がわかった気もした。つまり、日本国民は、マザコンなのだ。

裕仁天皇が敗戦にあたって詠んだという「身はいかになるともいくさとどめけりただたふれゆく民をおもひて」という歌は、天皇崇拝者たちが好んで引用するものだが、その実践例としてよく言われるのが、敗戦直後、天皇がマッカーサーを訪ねて、「私の身はどうなってもいいから国民を救ってほしい」と頼んだということだ。

これはじつは真っ赤なウソ。敗戦直後の『ライフ』やジョン・ガンサーの書いたものをみると、このとき天皇は、太平洋戦争の責任を国民に押しつけるような発言をしている。

にもかかわらず、それが受け入れられてしまうのは、マザコン国民の泣きどころをついているからだろう。

「昭和」の終わりを、日本人のマザコンからの脱皮の機会にしたいものだ。

（『朝日ジャーナル』一九八九年一月二五日緊急増刊号）

Xデーに赤い花を——女たちのXデーアクション

その日、弔旗ひるがえるビルの谷間の小さな墓地は、にわかに祭りの空間となった。

東京・西新宿の正春寺。近代的な高速道路とビルにはさまれて、そこだけ時間が止まったかのような、ひっそりとしたたたずまいをみせるお寺に、お昼前からぞくぞくと、赤やらピンクやらのはなやかな服装をした女たちが、赤い花を持って訪れた。

女たちは、古びた墓石が肩を寄せあうようにして立ち並ぶ墓地のほぼ中央、すがすがしく洗い清められた自然石の前に赤い花をささげる。

その石の裏面に彫られた碑文には、「大逆事件の犠牲者管野すが　ここに眠る」とある。つまりこの石は、一九一一年、大逆事件のかどで幸徳秋水らとともに絞首刑になった管野すがの墓なのだ。

こんな東京のど真中に、八〇年近くも前に殺された反天皇制運動の女性先駆者管野すがの墓があることを知ったのはつい最近、女性史研究家の鈴木裕子さんの御教示による。昨年一九八八年一一月二三日、渋谷・山手教会の「このままでいいの？　天皇の問題」女性集会のあと、呼びかけ人の何人かが集まって、昭和天皇死去当日Xデーをどうするかを話合っていたとき、だれかが「鈴木さんに聞いたんだけど……」というふうにそれを言い出した。

たちまち衆議一決、Xデー当日、赤い花をもって管野すがの墓に集まろうということになった。彼女はその明確な反天皇制思想のゆえに、その後おびただしく生み出された天皇制による犠牲者の第一号となった女性である。とりわけおびただしい人民の血を吸って生きのびた昭和天皇の死にあたって、血の色の花でその墓を飾って、彼女の思いを受け継ごう——。

しかし当日、じつは少々心配だった。決めたのは一カ月以上も前だし、ほとんど呼びかけもしていない。それに、わたしが赤い花を買った花屋の女主人は、「今日は見せない方がいいから」と、赤い花が見えないようにしっかり包んでしまったのだ。

包み紙を破いて、弔旗のひるがえる新宿の街をこれみよがしに赤い花束を捧げ持って歩きながら、誰もいなかったらどうしようと、わたしは弱気になっていた。

それは無用の心配だった。まるで天皇の死をことほぐかのような晴れやかな陽射しのもと、花はふえつづける。自称「大道芸人」のささらで調子を取りつつ歌う反天皇制の歌にヤンヤの拍手がわき、女たちの歌声がひろがる。

We shall overcome

日本の女がつくった歌ではないのがちょっと残念だったが、この歌にこめられた反差別と平和への願いは、天皇制NO！　の思いにつながる。

この日女たちは、墓地という死の空間を祭りの場に変えることで、やわらかに、天皇制に「NO！」を突きつけたのだった。

（『インパクション』五六号、一九八九年二月）

カエサル・ヒロヒト

今年（一九八九年）三月はじめ、インドネシアのバリ島を訪ねた。

日本でも、暖冬のせいでもう桃の花がほころびかけていたが、南国バリでは、夾竹桃に似た白い花が咲きほこっていた。そのふくいくとした香りにつつまれて、谷間に積みあげられた棚田を見下すテラスで昼食をとっているとき、宿の主人のバワさんが、ふとこんなことを言い出した。

「日本が戦争に負けたとき、どこからともなく数えきれないほどの黄色い蝶の大群があらわれまくしてね。ふつうバリには大きな蝶はいないんですが、見たこともないような大きな蝶でした」

緑あざやかな谷間に乱舞する大きな黄色い蝶の群れ――。それを思い描くと、息を飲むほどうつくしい光景が浮かびあがってくる。

しかし、バワさんがそれを言い出したのは、けっしてバリの自然のうつくしさをいうためではなかった。つづけて彼は言う。

「そのとき村のひとびとは、その黄色い蝶を、敗北した日本軍の兵隊だと言いあったものです。日本人は黄色い肌をしていますから……」

日本の占領下において、少年だったバワさんがまず覚えた日本語は、「バッキャロー」に「キンロウホウシ」だったという。そして君が代である。彼は、節まわしもたしかに、君が代を歌って聞かせてくれた。

一九四二年から三年間の日本の占領下において、バワさんたちは、「バッキャロー」とどなられながら「キンロウホウシ」をさせられ、背中をどやされながら、君が代を教えこまれたのだろう。谷間を乱舞する蝶に思い描いていたうつくしいイメージは、にわかにまがまがしく不気味なものにかわってしまった。

目を伏せるわたしに、バワさんはポツリ、「Sudah」(すんだことだ)とつぶやいて四〇余年前を思い起こす風情だったが、やがて、「カエサル・ヒロヒトが死んで、日本人はみんな悲しんだそうですね」という。昭和天皇死去にともなう日本の状況は、バリにもつたえられたらしい。

いやそんなことはない、みんなが悲しんだわけではないなどと、やっきになって下手なインドネシア語で説明しながら、「カエサル・ヒロヒト」というバワさんの言い方に、わたしはこだわっていた。

そういえば、昨日チャーターした車の若い運転手も「カエサル・ヒロヒトが死にましたね」と話しかけてきた。ということは、インドネシアのひとびとには、昭和天皇は「キング」でもなければ「エンペラー」でもなく、「カエサル」だったわけか。

ふつうカエサル（シーザー）とは、GODと対置される現世的な権力者を意味する。たしか、敗戦直前の一九四五年八月一一日、アメリカの「ワシントン・ポスト」紙は、日本の天皇を説明するにあたって、天皇は、シーザーとゴッドの二つの顔を持つことによって、日本国民に絶大な支配力を振ったと説明されていた。

戦後の象徴天皇制は、この二つの顔を否定し、天皇をたんなる「象徴」とした。とくに、政治的支配者であるシーザーの側面はまったく払拭された存在として、日本国民には理解されている。

にもかかわらず、インドネシアのひとびとにとっては、戦後四四年の今日まで、天皇はずっと、「カエサル」であったらしい。

これは、どういうことなのだろう？　インドネシアのひとびとが、戦後の天皇制についてまるきり無知だ、ということだろうか？

どうも、そうとばかりは言えないような気がする。

この二月二四日、一六四ヵ国の代表参列のもとに行われた昭和天皇の葬儀にあたって、ふつうは国家元首の死に対してだけなされる二一発の礼砲が打ち鳴らされている。ということは、国際的に天皇は「国家元首」とみなされている、あるいは、みなされるような扱いを受けているということだ。だとすれば、「カエサル・ヒロヒト」というインドネシアのひとびとの見方のほうが、客観的には正しいということにもなる。

わたしたち日本国民は、「象徴」というあいまい模糊とした言葉のアヤで、戦後天皇制の問題点を、見えなくさせられているのではないかという気がする。

戦後の歴史を辿ると、天皇はたんなる象徴といいながら、一九四七年九月の沖縄の米軍基地化を提案するメッセージ（これについては、昭和天皇死去後に発表された入江侍従長の日記で、その真実性があらためて裏づけられた）をはじめとして、けっこう政治的な動きもしている。もちろん、戦前のように天皇が直接政治の表面に立つということはなくて、その役割は、主として儀礼的なものに限られていたようだが、儀礼こそ政治、といえなくもない。

それに、今回の昭和天皇死去にともなう皇位継承で、あらためて明らかになったのは、天皇制の女性差別だ。新天皇即位は、皇室典範にもとづいて行われたが、その皇室典範には、戦前そのまま、皇位継承は男系男子に限ること、それも長男子相続の原則が規定されている。

その結果、皇位継承にともなうさまざまな儀式、「剣璽等承継の儀」とか「大喪」とかは、すべて、いうならば女性差別パフォーマンスとして行われ、それがテレビを通じて、日本国民の日常につたえられた。

女は重要な儀式からは排除されるもの、あるいは男の後ろを歩くもの——。今回の皇位継承にあたっては、こうした女性差別パフォーマンスが、いやというほど見せつけられたのだった。これは、戦後四〇余年、日本の女性たちが営々と積み重ねてきた女性差別撤廃の努力を、まっこうから否定するものだ。

わたしがバリ島に行ったのは、天皇制一色の日本の息苦しさを逃れて、南国の太陽のもとでの解放感をもとめてのことだった。しかし結果的には、かえって象徴天皇制の重さに、あらためて気づかされることになった。

(『ジュリスト』九三三号、一九八九年五月一―一五日)

#「陛下」なくせば風さわやかに吹きぬける

いま、幼稚園から小学校低学年の子供たちに、「天皇って知ってる?」と聞いたとする。おそらく三分の一ぐらいは、「知らない」と答えるだろう。

しかし、「天皇陛下」なら、大方の子供は知っている。昨秋以来のXデーさわぎのなかで、楽しみにしているテレビ・アニメの「ライブマン」が、天皇の下血で急拠取り止めになったりしたが、そのとき子供たちの耳に届いたのは、「テンノー」ではなくてつねに「テンノーヘイカ」だったからだ。

子供たちだけではない。「姓は天皇、名は陛下」と思いこんでいた大学生がいるという笑えない笑い話もあるが、昨秋以来、マスコミによっていやというほどふりまかれた「テンノーヘイカ」に、「天皇」と「陛下」は切っても切れない一つながりのものとして、インプットされてしまった若者は多い。

「いまどきの若いモンは、モノを知らん…」などと文句をいってる中年以上の世代のなかにも、

「天皇陛下サン」などというひとがけっこういるのだから、「陛下」という特別の敬称は、敬称であることが自覚されないほど、「天皇」に不可欠なものになってしまっているらしい。

これは「主権在民」にとって、由々しい問題である。

――べつに「天皇陛下」と言ったからといって、とくに尊敬をこめているわけではない。敬称であることさえ自覚しないで使っているんだから、目クジラたてることないじゃないか。

もし、そう言うひとがいるとすれば、（こう言っちゃなんだけど）その人は天皇制の何たるかについてよくわかってないひとだ。天皇制ファシズムに、全国民一人一人の、主体的な、内面をかいくぐっての天皇崇拝は必要ない。というよりは逆に、一人一人の内面を問うことなく、あるいは、主体性をグジャグジャに溶解させて、ともあれ外側だけは、大勢にならうという人々が多数を占めれば、それで天皇制ファシズムは完成するのだ。

奴隷の奴隷たるゆえんは、みずからが奴隷であることすら自覚できないことだ、という至言にならえば、特別最高の敬称であることすら自覚しないまま、ともあれ「天皇陛下」という言葉でしか、日本国民の大半が天皇を語り得ないとすれば、「主権在民」どころか、日本国民の奴隷化である。

その最大の責任は、いうまでもなく、つねに「陛下」「殿下」等の敬称をつけ、最高の敬語で報道するマスコミにある。

なぜマスコミは、皇室報道にあたって、かならず敬称をつけるのか？

各新聞社には、新聞協会用語懇談会の規定等による皇室用語の使い方の規定がある。

『朝日新聞用語の手引き』には、「公式には、皇室典範の規定に従い、天皇・皇后・太皇太后・皇太后の敬称は『陛下』、それ以外の皇族の敬称は『殿下』とする。記事の種類によっては、親しみを表すために『陛下』『殿下』を『さま』としてもよい」とある。他の新聞社、ラジオ・テレビ局も同様の規定に従っているようだ。

つまり、マスコミが「陛下」「殿下」をつけるのは、「皇室典範の規定に従い」というわけだが、ここにはインチキがある。

たしかに皇室典範二十三条には、

1　天皇、皇后、太皇太后および皇太后の敬称は、陛下とする。

2　前項の皇族以外の皇族の敬称は、殿下とする。

とある。

もともと皇室典範など、日本国憲法の基本精神に反するもの、第一条の皇位の「男系男子」規定からして、男女平等を真向から踏みにじるものであり、早急に改正、というよりは廃止すべきものではあるが、百歩ゆずってこの二十三条を認めても、マスコミがこれを根拠に「陛下」「殿下」を必ずつけなければならないとするのはおかしい。

なぜなら、二十三条の規定は、敬称をつける場合の「陛下」「殿下」の使い分け方を規定してあるだけだからだ。つまり、「天皇殿下」とか、「皇太子陛下」なんていってはいけないよ、といっているだけであって、「陛下」「殿下」を必ずつけなければならないとは、書いていない。すなおにこの条文を読めば、どうしてもそうなる。

にもかかわらず、「テンノーヘイカ」を垂れ流すマスコミはほんとうにけしからん、と切歯扼腕していたら、西の方より、一陣のさわやかな風が吹き込んできた。地方のラジオ局にはたらく一人の女性アナウンサーから、一通の手紙が舞いこんだのだ。

それによると、彼女（職場の状況が流動的なので、仮にAさんとしておこう）は、（一九八九年）四月一四日、午前一〇時のニュースで、「陛下」抜きでニュースを読んだというのだ。その結果Aさんはいま、職場で攻撃を受けている。だから「さわやかな風」などと気楽な言い方をしては、Aさんに申し訳ないのだけど、しかしやはり、マスコミの最前線で、たった一人で「陛下」抜きニュースを流した女性の存在を知って、わたしは、分厚い壁に風穴がうがたれたような思いだった。

ニュースの内容は、訪日した中国の李鵬首相が天皇・皇后を招待したいと発言したことをうけて、日本側でも検討するといったものだが、原稿に「天皇・皇后両陛下を招請……」とあったのを、Aさんは、「天皇と皇后を招請……」、「両陛下は」を「お二人は」と読んだ。

これについて、「なぜ陛下をはずしたか」と、局長・局次長らから詰問されたが、Aさんは、「過剰敬語だからです。陛下ってどういう意味ですか?」と、逆に質問している。局長は、「天皇および皇后に対する敬称だと思っている」という模範的なお答え。そして、「なぜ、原稿どおりに読まなかったか、あなたは読む担当だったでしょう、誰の判断でやったのですか、誰の許可を得ましたか」と、追及してくる。

Aさんはこれに、「耳で聞いてわかりやすい報道を心掛けていますから。だから訪中とか訪韓とかも、中国訪問、韓国訪問と書きなおして読んでいますけど」と答えている。

聴取者の立場からすると、ぜったいAさんの言い分は正しい。「訪中」と「中国訪問」のどちらが耳で聞いてわかりやすいかは言うまでもないし、過剰敬語の問題を別にしても、「リョウヘイカ」などくっつけずに「天皇と皇后」と言ってくれたほうが、すっきりよくわかる。

しかし、聴取者の立場に立ったAさんの正論は聞かれない。それどころか会社は、Aさんをアナウンスと編成のしごとからはずし、整理に配置転換という処分を出してきた。

しかも問題なのは、「陛下」を抜かしたための処分であるのは明らかなのに、天皇問題に真正面から向き合うことを避け、あくまで原稿の中身を勝手に変えて読んだことを理由にしていることだ。また、処分的な配転の場合、処分理由を付した掲示を出すのがふつうなのに、今回はそれもない。コソコソと闇のなかで問題を処理し、しかも、「陛下」を抜いたりしたらタダではすまないということは、しっかり見せつけたわけだ。

こうしたあくまで本質をずらしたところでの攻撃は、天皇問題にはつきもののようだ。君が代ジャズ演奏の小弥さんに対する処分も、表面上は服務規律違反だった。

それだけむこうにとっても、天皇問題を真正面に掲げての攻撃はやりにくい、分が悪いということだろう。とくに、「不偏不党」「中立」をタテマエとする教育界やマスコミにとってはそうだ。

Aさんは、組合を通じて報道局長に抗議文を出したが、そのなかで彼女は、「首相や大統領などを、首相様とか大統領閣下などのようにしなくていいのと同様に、天皇、皇后という字句に対して陛下とつけなければならないものではないのです。陛下という尊称を何が何でもつけたいというのは、まるで天皇主義者のような行為です」と述べている。

正論である。局長からの回答はまだないそうだが、もしなんらかの回答をしたとしても、これに正面から答えることはしないだろう。できないからだ。

反論するとすれば、皇室典範二十三条に依拠するしかないが、さきに述べたように、そこには、陛下をつけなければならないという規定はない。それを問題にしはじめれば、マスコミ界全体の過剰自粛が明らかになってしまうおそれもある。

しかし、こうした本質をずらしたところでの攻撃こそ、天皇制の本領ともいえるのだ。みずからの主体をかけての確信犯的たたかいに対して、つねに本質をずらしたところから絡め手をついてかきまわし、闘いの分断と主体の崩壊をはかる——。戦前の転向攻撃にもみられたパターンだ。だから、天皇制攻撃に対するたたかいは、つねに主体崩しとのたたかいでもあるのだ。

さて、先日Aさんから再び届いた手紙をみると、彼女は元気でがんばっているようだ。

今度彼女が配転された部署には、新聞社からのニュースが真っ先に飛び込んでくる。彼女の手紙には、その日飛び込んできたホットニュースが書かれていた。福岡県立久留米ろう学校の教師が、出張伺いの書類の日付を西暦で書いたのに対して、県教委は、元号で書かなければ受理されない、無断欠勤、賃金カットの対象になるという見解を出したというのだ。

福岡県教委といえば、先ごろ、リクルート事件で勇名（？）をはせた高石サンのパーティ券購入問題をめぐって、教育長が辞任したばかりじゃなかったかしらん？

「こんなこと許していたら、地方から中央へと全国的に天皇制の論理がまかり通ってしまう。早速抗議しましょう」と、Aさんは書いていた。

わたしはAさんのこの言葉から、逆に、地方から中央に、全国的に反天皇制のさわやかな風が吹きぬける気配を、ふたたび感じたのだった。

（『インパクション』五八号、一九八九年六月）

付記

Aさんこと KBC九州朝日放送勤務の森部聰子さんは、このあと一九九〇年一二月、福岡地裁に配転無効を訴えて提訴。一審（九五年一〇月）、二審（九六年七月）の敗訴判決にもめげず最高裁に訴えたが、九八年九月、上告棄却となった。その間「性差別と斗い報道の自由を求めるKBC森部アナウンサーの不当配転裁判を応援する会」が生まれ、裁判闘争を支えた。

森部さんは九八年KBCを定年退社したが、退社にあたって後輩女性たちに、「放送の仕事は、戦争協力をするためでなく、平和のためにやってほしい」というメッセージを残している。

与謝野晶子が消えた

新指導要領にみる戦前回帰

もう三〇年以上も前になるだろうか。

田舎の中学の教室で、はじめて与謝野晶子の「君死にたまうことなかれ」の詩を聞いたときの、胸のふるえを思い出す。とくにその三節目は、「戦後民主教育」第一期生として育ったわたしにも、衝撃だった。

すめらみことは　戦いに
おほみずからは出でまさね
かたみに人の血を流し
獣の道に死ねよとは
死ぬるを人のほまれとは
大みこころの深ければ

もとよりいかで思されむ

天皇とは、みずからは安全地帯にいて、民衆を戦争に駆り立てるもの、その戦争のなかで民衆は、何の恨みもない人を殺すという「獣の道」を強いられ、そしてみずからも死なねばならない——。戦争とは、たんに自分が死ぬだけでなく、人殺しをも強制されることなんだと、はじめて身震いするような実感で受けとめたのは、そのときだったとおもう。

あれは、国語の授業だったろうか。それとも、日本史か——。いまはもう思い出せないけれども、ともかく、この詩との出会いをもたらしてくれた学校に感謝している。いまあらためて読みなおしても、天皇制の本質と、民衆にとっての戦争の意味を、これほど端的についたものは、ほかにないと思うからだ。

ところが、先日発表された新しい指導要領によると、小学校六年の歴史学習から、これまで常連だった与謝野晶子は消されてしまうという。しかも、その代わりに入るのが、東郷平八郎元帥だというのだ。

東郷平八郎は、日露戦争でロシアのバルチック艦隊を破り、日本を勝利に導いた「英雄」として、戦前の教科書で讃えられていた人物である。その人物が、「君死にたまうことなかれ」と、日露戦争を批判した与謝野晶子のかわりに取り上げられるというのだから、いうならば、一八〇度の転換である。

今度の改訂で、戦前回帰をおもわせるものは、ほかにもある。社会科が、地・歴・公民に解体されたこともそうだし、特別活動に「奉仕的行事」が加えられたこともそうだ。そしてきわめつきは、入学式や卒業式における日の丸・君が代が、これまでの「望ましい」から、「指導するものとする」と、強制的なものになったこと。

この日の丸・君が代の強制は、おそろしい。これが、あの戦争の大きな犠牲の結果ようやく獲得した「主権在民」を真向から否定するものであるのは言うまでもないが、それは、ただでさえ、管理教育がまかり通っている学校に、さらに教師たちの大声の号令や、子どもたちの条件反射的な硬直した姿勢をもちこむことである。日の丸・君が代は、かならず「最敬礼」や「直立不動」といった硬直した姿勢を要求するものだからだ。

硬直した姿勢は、精神の硬直をもたらす。戦前の子どもたちは、そういうふうにして、「皇国の少国民」の鋳型にはめられていったのだった。それを再び、繰り返そうというのだろうか。

しかし、今回の改訂で、高校の家庭科が男女共修になったことは、「男女平等」の理念に沿い、長年の女性たちの要求に答えたものだと、評価する声もある。

しかしわたしは、それもふくめて、全体として今回の指導要領の改訂に、一九四〇年の教育改革に通じるものを感じてしまう。

一九四〇年といえば、あの一五年戦争のまっただ中だが、この年、「紀元二千六百年」が大々的に祝われるなかで、戦前最後の教育改革がおこなわれている。小学校が、「国民学校」になったのは、これによってである。

その目的は、「知育偏重」を改めて、徳育・体育を重視することにあった。そのために錬成教育を強化し、子どもの生活に即するとして教科を分類統合している。その結果子どもたちは、「天皇陛下」のために生命を投げ出す「皇国の少国民」として、いっそうきびしく鍛えあげられることになったのだ。

しかし、このときの教育改革には、一見、女性の長年の悲願を満たすかに見えるものもあった。それまで六年であった義務教育を男女とも、八年に延長し、女子高等教育の拡充がうたわれたことである。これによって、それまで、同じように小学校を卒業して入る学校が、男子は「中学校」、女子は「高等女学校」というあきらかな女性差別を改め、「女子中等学校」として、教育内容も、男子中学校に見合うものに改められることになった。女子高等学校・大学の設置も決められた。これで、教育における男女差別は解消されるかにみえた。

しかしもちろん、それは絵にかいた餅にすぎなかった。義務教育八年制の実施も戦後まで見送られ、教育における女性差別は、かえって強まっている。

今回の新指導要領による家庭科の男女共修は、男子にも家庭責任を自覚させ、性別役割分担を解消しようというわけだから、当時の「女子高等教育の拡充」とは異なる。しかしともあれ、一方で女性の要求に耳を傾けるかのような姿勢をみせながら、一方で国家統合をつよめている点では、非常によく似ている。

しかも、昭和天皇死去によって、国民のうえに天皇制の影がおおいかぶさってきたいま、この時期における改訂である。どうしても「紀元二千六百年」の大々的な天皇制キャンペーンの下での教育改革と、二重写しになってしまうのだ。

「紀元二千六百年」の教育改革の翌一九四一年、日本は、アメリカ・イギリスにも宣戦を布告して、全世界を相手に戦争することになった。その結果、一九四五年の日本人の平均寿命は、男子二四歳、女子三八歳未満という無残な数字が残されている。

まさか今回の新指導要領が、そこにまで一気につながるとは思えないが、歴史とは、往々にして、その「まさか」が起こるものであるらしい。

(『月刊こども』一九八九年四月号)

天皇制とフェミニズムの不幸な結婚!?

○○よ、お前もかと、シーザーのようにつぶやいては頭をかかえて考え込む——。このところずっと、こんなクラーい日々を過ごしている。例の「皇太子妃内定」発表以来のことである。

わたしは、皇太子が一生独身でいることを願っていた人間である。そしてじつは、本命の小和田雅子がその輝かしいキャリアを捨ててまで皇太子なんぞと結婚するはずはないとタカをくくり、独身のまま迎えた三三歳の誕生日にカレがなにを言うかと楽しみにしていたのだ。

それなのに——、皇室はついに、小和田さんを屈服させてしまったのか!

歯ぎしりする思いで、一月六日(一九九三年)夜、テレビのチャンネルをあれこれ変えていたら、どういう番組なのか、パネラーふうに並んだ四、五人の中に福島瑞穂の顔がみえた。さぞやこの一色の「メデタシ」ムードに風穴を開けてくれるものと期待して見ていたところ、なんと、「よかったと思いますよ」とおっしゃる。そして、皇太子が自分の意思で結婚相手を選んだこと、学歴その他小和田さんのほうが皇太子より上であることを理由として上げていた。エーッとわたしはのけぞり、そしてすっかり混乱してしまった。

解禁直後に何人か女友だちと電話で話したところでは、小和田さんを「皇太子より上」とする点では瑞穂さんと同じだった。だから彼女たちは、異口同音に「モッタイナイ」と言い、腹を立てていた。ましてフェミニストであれば、小和田さんが、女性差別の象徴である一族の長男と結婚するためにそのキャリアを捨てねばならないことに怒り心頭のはず——。ところが福島瑞穂は「よかった」というのだ。いったい、どうしちゃったのだろう？

キャリアウーマンが認知された？

しかし、これは序の口だった。翌日からは新聞・テレビ・週刊誌などに、キャリア女性の「奉祝」発言が洪水のように溢れ始めた。作家の曽野綾子・林真理子・橋田須賀子、上智大学教授猪口邦子や元日本テレビディレクターの渡辺みどりらはこれまでの言動から当然として、フェミニストであるはずの女性までがぞくぞくと「お喜び」発言をするという事態になった。

『東京新聞』一月八日朝刊「羽ばたくキャリアウーマン」によれば、高群逸枝論や『マザコン文学論』で天皇制に通ずる日本社会の母性信仰に分析の冴えをみせていた山下悦子は、「雅子さんは〝最高位の外交官〟という役割を形を変えて果たしていくことになる」とその転身を評価し、「美智子さまは内助の功というか、一歩退いた性別役割分業的な夫婦像を大衆の間に思い描かせました。しかし、時代が変わり女性の社会進出、高学歴化が進み、雇用機会均等法の時代にバリバリと働いた雅子さんのようなキャリア型の女性が皇室に入っていくことで、これからの新しい女性のイメージ、夫婦のイメージが認知されていくと思う」と述べたという。

ほかにも「男女差別をなくす愛知連絡会」の女性や、会社経営の女性の「雅子さんの〝キャリアウーマン引退〟がかえってキャリアウーマンの時代の到来」を実感させるといった発言も引かれている。

これは、たぶん電話取材で記者がまとめたものだろうが、『千葉日報』(一月一三日)の田嶋陽子の文章は本人が書いている。田嶋陽子といえば、いまやマスコミ・フェミニストの代表選手。フェミニズムといえば田嶋教授、と一般にみなされている人である。その彼女は、「私は天皇制も結婚制度も女性を差別する制度として反対である」としたうえで、しかし雅子さんが選ばれたことは「キャリア・ウーマンが社会的に認知されたという感じで、とてもうれしい」という。

彼女が外交官を退職することについては、「皇室外交は、外交官と同等の、あるいはそれ以上の影響力のある外交の仕事であり、その影響は計り知れないものがあるはずだ。これは結婚退職ではなく、外交官としてよりやりがいのある仕事だという選択の問題だ」としている。この文章は共同通信の配信なので、全国の他の地方紙にも載ったはずだ。

聞くところによれば、土井たか子や樋口恵子も、こうした視点から「お喜び」発言をしているという。シーザーの嘆きを繰り返す所以である。

こうしたフェミニストたちの見方によれば、小和田雅子が皇太子妃になるのは、キャリアウーマンが皇室に屈服したのではなくて、皇室がキャリアウーマンを「認知」せざるを得なくなったからである。また彼女は、外交官からより重要な「皇太子妃という公務員」へトラバーユするのであって、けっして「結婚退職」するのではないというわけだ。

さすがに福島瑞穂は、一月一九日の記者会見をみての感想では、「雅子さんの顔も、結婚が決まって変わってしまった。天皇制が、優秀な女性をすっかり取り込んでしまった」と書いている。また「皇太子妃トラバーユ説」に対しても、「外交官は行政のキャリアの一員として外交にあたるのに対し、皇室の外交は、友好と親善に限られる。日本国憲法は、『象徴天皇制』を維持するために、天皇の国事行為を限定列挙し、政治と切り離している。（略）『積極的な皇室外交の展開』を手放しで礼賛するわけにはいかない」と釘を刺している（『サンデー毎日』二月七日号）。

わたしには、山下悦子の発言や田嶋陽子の文章にある「認知」ということばも気になる。小和田雅子が皇太子妃になることで、新しい女性のイメージが「認知」される、キャリアウーマンが「認知」されると彼女たちは言う。こうした言い方に、失礼ながらわたしは、勲章を欲しがるオジサンに通じるものを感じてしまう。心理学で使われる場合はべつにして、「認知」ですぐに思い浮かぶのは、不実な男に迫って子どもを認知させる——。つまり、佐藤文明によれば天皇制とフカーイ関りがある戸籍制度のなかのことばである。

たしかに、まだまだ日本社会ではキャリアウーマンは「私生児」扱いされている。しかしフェミニズムが目指すものは、「嫡出子」と「私生児」を分断する制度や通念自体の解体であるはずだ。

まして皇太子妃というのは、つまりは、戦前そのままの家制度のもとに、それを存立の基盤としているファミリーの「嫁」である。「嫁」には何の権限もない。天皇と血のつながった内親王や女王は、下位ではあれ摂政に就任できるが、皇太子妃にはその資格もない（皇室典範第十七条）。「キャリアウーマンが認知された」などと、フェミニストが喜んでいていいのだろうか。

天皇制とフェミニズムの不幸な結婚

もちろんわたしも、キャリアウーマンが「私生児」扱いされることなく、女性のあたりまえの生き方として認められるべきだと思う。そして残念ながら、皇室がキャリアウーマンを「認知」することによって、それが前進する可能性はあると思う。

現天皇の結婚にともなうミッチーブームによって、見合い結婚から恋愛結婚へ、家父長制的大家族から核家族によるマイホームへと、高度成長による家族の変化が加速されたように、皇室は、よかれ悪しかれ「あるべき家族」のモデルを提示する機能をもってきた。だから今回、小和田雅子が皇室に入り、「皇室外交」で大活躍するとなれば、学歴・身長・収入とも妻の方が高い「三高逆玉結婚」やキャリア夫婦がふえる可能性はある。それによって、キャリアウーマンが生きやすくなる可能性はある。

しかし、だからといってフェミニストが、この結婚をメデタシメデタシとするならば、解放の思想としてのフェミニズムは死ぬ。

ハイジ・ハートマンの『マルクス主義とフェミニズムの不幸な結婚』にならえば、まさにそれは、「天皇制とフェミニズムの不幸な結婚」である。ハートマンは、「マルクス主義とフェミニズムの『結婚』は、イギリスの慣習法に描かれている妻の結婚に似ている。つまり、マルクス主義とフェミニズムは一心同体であるが、その一体とはマルクス主義のことである」と書いている(『マルクス主義とフェミニズムの不幸な結婚』勁草書房 一九九一年)。

同様に、天皇制とフェミニズムの「結婚」も、フェミニズムの天皇制への一体化でしかないとわたしには思える。

フェミニズムとはもちろん女性差別を許さない思想だが、その根底には「性」が人間にとって選択不可能だということがある。選択不可能なものによって人は差別されてはならない。その点では、フェミニズムは民族差別や障害者差別、被差別部落の問題と同じ地平に立つ。

天皇制は、まさにその選択不可能性の上にアグラをかくものだ。王子に生まれるか乞食に生まれるか。天皇家の「長男」に生まれるか、被差別部落の「長女」に生まれるか——、それを選ぶことは当人にはできない。選択不可能性による差別を許さないはずのフェミニズムが、天皇制と「結婚」できるはずはないし、もしできるとするなら、それはもうフェミニズムではない。

五〇歩と一〇〇歩のちがい

しかし、こんなわかりきった原則論を振りかざすだけでは現実は変わらない。田嶋陽子はさきの

『千葉日報』の文章で、「天皇制も結婚制度も女性を差別する制度として反対」と原則は押さえた上で、しかし「時代とともに一歩一歩変わっていくしかない」として、小和田雅子が皇室に入ることを歓迎している。

今回の決定に奉祝発言している女性たちのなかには、小和田雅子によって皇室が「民主化」される、いうならばフェミニズムが天皇制を手なづけ得ると期待している人も多いようだ。しかしそれは、とんでもないまちがいだ。小和田雅子が婚約正式決定後の記者会見で、皇太子の「全力をあげてお守りします」という反フェミニズム的発言を言質を取ったといわんばかりに語っていたことからも、それは明らかだろう。結婚後の彼女に期待されるのは、「皇室外交」よりは子ども、それも男の子を産むことである。その点では、早々と二人の間に生まれる子どもの顔のシミュレーションをやってみせたテレビの「俗悪」ワイドショーや女性週刊誌のほうが本質をついている。

とはいうもののわたしも、天皇制は一挙に廃止できるものではなく、「一歩一歩変わっていくしかない」と思っている。今回の結婚は、その「一歩」になるだろうか。

一つの可能性は、イギリスのような皇室のスキャンダル化だ。学生の感想文に、「小和田さんは閉鎖的な皇室に入って、外国の人と接しても当たり障りのない会話をするだけ、やるせない思いをするのではないか」「離婚もできないし、一生不満をかかえて生きていくのか」とあった。

田嶋陽子も『サンデー毎日』（一月三一日号）では、「雅子さんが皇室に入って『ノー』と言えば、皇室はどんなに変わるだろう。（略）それによってダイアナ妃と同じような影響力を発揮できるかもしれない」と、スキャンダル待望論（?）を語っている。

わたしも大賛成だ。そうなればおもしろい。しかし、小和田雅子という女性は優等生街道まっしぐら、たいへんな努力家のようなので、「優等生お妃」になりそうな気もする。まわりもそれを必死で支えるだろう。それに皇室スキャンダルは、皇室の問題ではなくてマスコミの問題だ。日本のマスコミに、皇室をスキャンダル化する度胸があるだろうか。

もう一つの可能性は、「内定」発表を機に、女性にも皇位継承権を与えるべきだという議論がおこっていることだ。これについては、女が天皇になったところで天皇制には変わりがないとして、問題化そのものへの反対もつよい。たしかに女が天皇になったところで、天皇制の本質が変わるわけではない。

しかしわたしは、女天皇の是非をめぐって議論が起こることは、「一歩一歩変わっていく」ことにつながると思っている。マスコミを通じて大きな議論になれば、その過程で、女を皇位から排除した近代天皇制のつくられかた、その虚構性がより明らかに国民の目に見えてくるはずだ。それは天皇制が、消滅に向けて「一歩一歩変わっていく」ことだとわたしは思っている。

マスコミに発言の場をもつフェミニストたちは、女性にも皇位継承権を与えるよう皇室典範改正を提起してはどうか。その方が、何の権限もない皇太子妃に選ばれたことを喜んだり、雅子さんに「皇室民主化」の期待をかけるよりは、フェミニストとしてのスジは通る。

民主主義の原則からいっても、その方がスジが通る。国民がまったく関与できないところで、マスコミまで報道「自粛」して行なわれる「お妃選び」とちがって、皇室典範改正は国会の議決を必要とする。女天皇問題で何度か国会質問している社会党か、それともいま上げ潮に乗っている日本新党を焚き付けて国会上呈させれば、PKO法案とは比較にならない国民的関心を呼ぶだろう。

議会制民主主義なんてインチキだ！「お妃」だろうが女天皇だろうが五〇歩一〇〇歩――とソッポをむく人も多いだろう。しかし「一歩一歩変わっていく」うえで、五〇歩と一〇〇歩のちがいは、とてつもなく大きいのだ。

（連載「フェミニズムムズムのヘクトパスカル」第2回、『インパクション』七九号、一九九三年三月）

コウノトリのご機嫌なんて…

むかし、といっても三四年前の二月二三日、テレビは朝から「テレビを切らないでください、テレビをつけたままにしておいてください」と繰り返したそうな。

そして夕方、大通りに日の丸が並び、ビルの屋上からは「奉祝」の垂幕、東京上空には吹き流しをつけたヘリコプターが舞ったそうな。

この日午後の四時すぎ、予定より九日も早く皇太子に息子が生まれたのだ。

約四〇〇人の「お産記者」たちは大慌て、同じ時刻ごろに出産した母親の「喜び」の談話を取るべく病院に走った。

こうした騒ぎは、もちろん息子が生まれたからである。母親の出身校では、謹厳なシスターの学長までが「プリンセス美智子がプリンスをお生みになった」と叫びながら図書室に駆け込んだという。生まれたのがプリンセスだったら、学長の興奮の度合はずっと低かっただろう。

「コータイシもイッチョマエにやるじゃない」と電車の中で無遠慮に叫んだオバサンもいた。どうやら息子の誕生は、父親の「男としての能力」をも見直させ、世襲システムの安泰につながったようだ。

さて、因果はめぐって、今度は息子の番である。去年の彼の結婚式にあたって、一人の男子学生が書いていた。

「皇太子さま、これからは夜のお仕事がまってますね。精力をたくわえておきましょう。ふれーふれー皇太子、ふれ！　ふれ！　皇太子……」

そしていま、元外交官の妻の腹部に国民の注目が集まっている。それは彼の「夜のお仕事」ぶりをうかがう目でもある。それに対して彼は、「コウノトリのご機嫌に任せて」と言う。この発言はとんでもなく無責任ではないだろうか。

「夜のお仕事」は、彼にとって唯一ともいえる法的根拠のある「ご公務」である。彼がいま、この国の特別の「息子」であるのは、「世襲」を定めた憲法二条と皇室典範あればこそ。その特権を行使するからには、彼にも憲法の「世襲」の定めを履行する義務がある。「世襲」には「夜のお仕事」が不可欠である。彼には、その「ご公務」に奮励努力する義務があるのだ。

国民は、「コウノトリのご機嫌云々」などという無責任発言を許さず、また妻の腹部によって間接的にその「仕事」ぶりをうかがうのではなく、彼の「夜のお仕事」そのものを直接監査請求すべきなのだ。

それにしても、いまどき快楽のためのセックスが許されないなんて、「世襲」システムってやはり残酷ですね。

（『噂の真相』一九九四年四月号　一部割愛した）

腐食する「平成」

短命な内閣、不景気、冷害、汚職、テロにエロの横行、緊張を高める東アジア、お世継ぎが生まれない天皇家――。

「昭和」の初め六年間の年表を見ていたら、こんなキーワードが浮かんできた。これはそのまま「平成」の六年間にもあてはまる。もちろん「平成」は、不景気といっても娘の身売りや親子心中が続発した「昭和恐慌」に比べればラクなものだし、マスコミのいう「北朝鮮の脅威」によって高まる緊張が、かつてのように戦争に直結する可能性は今のところ薄い。

しかしもっと怖いこともある。短命内閣でいえば、昭和六年までの総理大臣は五人、それに対して「平成」は羽田首相の後任を入れればもう七人になる。長ければいいというものでもないが、「勝手にせい」と政治的アパシーが広がりそうな気がする。

朝鮮学校の女生徒が制服を切られたり殴られたりという、セクハラまがいの陰湿なテロの頻発もイヤーな感じだ。「昭和」のテロは政治家や資本家といった強者が対象だった（五人の総理大臣の二人までがテロで倒れている）。弱者やマイノリティに向けられた匿名の「平成」テロは、いまこの国の男たちに、底深いところで腐食が進行していることを示しているのではないか。

天皇家のお世継ぎといえば、一九九四年六月二五日の日米大学野球大会に予定されていた皇太子夫妻の出席が急に取り止めになったことから、スワ御懐妊かと、またもや一部のマスコミは色めき立った。

しかし、近所の美容師のヨシ子さんはゼッタイ違うという。御懐妊なら皇太子まで欠席はおかしい。皇太子の傍らに控えてただ花を添えるだけ——ならまだしも、ジロジロと腹部に集まる視線に耐えられなくなった雅子サマがヒステリーを起こし、「ボクも出ないことにするから」と皇太子が必死になだめているというのがヨシ子説。雅子サマかわいそう、と皇室好きの彼女はすっかり同情している。

お世継ぎが生まれない天皇家の女の抑圧は同じでも、庶民がこんなことを口にできるのは「平成」ならではと思ったが、どうやらそうでもないらしい。

「おいたわしや、気が狂ったと云う陛下も、本当は天才なのかもしれない。くるくるとおちょくごをお巻きになって、眼鏡にして臣下をごらんになったと云う伝説ごとだけれど、哀れな陛下よ」

林芙美子の『放浪記』にこんなふうに書かれている大正天皇の勅語伝説は、昭和の初めの庶民の間にしっかり根付いていた。

それが「現人神」信仰に変わったのは、一九三三（昭和八）年の現天皇誕生がきっかけだ。おかげで庶民はどんどん戦争に連れ込まれた。

いま天皇夫妻はお手々つないで仲よくアメリカ訪問、などと報道されているが、彼の誕生によって被った迷惑はしっかり覚えておかなくては。同情なんかしていたらとんでもないことになるとヨシ子さんにも言っておかなくては。

（原題「昭和─平成腐敗と天皇家」『噂の真相』一九九四年七月号）

「海の日」祝日化はもっと慎重に

瓦礫《がれき》と化した街並み、爆撃のあとのような焼け跡。そうした映像の隅っこに、一瞬、おだやかに光る海が見えた。救われるものを感じた。

今回の阪神大震災では、荒ぶる大地に比べて海は穏やかだった。地震・火災・大津波の三重苦の奥尻島に比べ、それが救いと言えば救いだった。海は、破壊された陸上交通にかわって救援物資を運んでもくれた。母なる海。海は生命の源。

いま、その海の恩恵に感謝するためとして、七月二〇日を国民の祝日「海の日」にしようという動きが国会で進んでいる。昨年（一九九四年）一二月六日、そのための祝日法改正案が衆議院内閣委員会で可決された。来年から七月二〇日が休みになると報じたメディアもあった。

しかし会期切れで、決定は今国会に持ち越されている。震災問題で延びているというものの、近く成立するとの見方が強い。

これに私は異議がある。もちろん、海の恩恵に感謝するのはいい。震災を契機に人間と自然の関係を問い直そうという機運が高まっている現在、時宜にかなったことともいえる。

しかし、なぜ七月二〇日が「海の日」なのか？　なぜ突然「海の日」祝日化が浮上したのか？

昨年一二月六日の内閣委員会議事録によれば、この祝日法改正案採択の動議提出者は加藤卓二（自民）、江田五月（改革＝当時）、山元勉（社会）の三議員。七月二〇日が「海の日」である根拠は、山元議員によれば「明治天皇が東北北海道巡幸の際に明治九年の七月二〇日に汽船で横浜に帰ってこられた日を記念して」、昭和一六年に「海の記念日」に制定されているということ。

確かに一九四一（昭和一六）年五月末、「海洋思想ノ普及宣伝ヲ図リ以テ皇国ノ発展ニ資センコト」を目的に七月二〇日が「海の記念日」に制定されている。その年一二月開戦のアジア・太平洋戦争のためである。

第一回「海の記念日」に海運報国会が募集した作文で、小田原の小学六年の少年は「僕も大きくなったら海軍になる。（略）そうして天皇陛下のお恵みを七つの海の果てから果てに行き渡らせるのだ」と書いている（『海運』四二年七月号）。

「海の日」はこの「海の記念日」を踏襲し、国民こぞって祝う日にしようというものだ。その趣旨は「海の恩恵に感謝するとともに、海洋国日本の繁栄を願う」となっている。前段はともかく、後段はなにやらキナ臭い。不戦の誓いを新たにすべき「戦後五〇年」にあたって、そうした「海の日」制定はアジア・太平洋地域の人びとの気持ちを逆なでするることにならないだろうか。

提出者の江田五月議員は、これについて「日本国自体が八月一五日を契機に生まれ変わった」のだから、「この日を日本が祝日にしたからといって、特別日本がまた軍国主義の方向へ歩んでいるなどというような心配をいただくことは皆無」と答弁している。そうだろうか？

なぜ突然「海の日」なのかという疑問は、私の不明の致すところだったようだ。議事録によれば、「海の日」制定運動は日本船舶振興会など海事団体を中心に三〇年来続けられ、昨年一〇月段階で一〇三八万人が署名し、七割近い地方議会で制定決議があげられているという。

しかし、それにしては知らない人が多い。この二ヵ月、私は一〇〇人以上の人に聞いてみたが、知らない人が圧倒的だった。とくに七月二〇日の由来を知っている人は皆無。中には労働組合を通じて署名をしたという人もいたが、休みが増えるのはいいと思ったというのがその理由だった。

確かに日本人の働き過ぎが問題になっている折から、祝日が増えるのはいいことだという人は何人もいた。しかし、国民の祝日を増やすなら八月一五日の「平和の日」を先にすべきだ、「海の日」を制定するにしても七月二〇日はごめんだ、という人もいた。安易な祝日増に反対する声も少なくなかった。

こうした声を聞くと、七月二〇日の「海の日」に国民的合意が成り立っているとはとても思えない。国民の祝日とは、その国が何を大切にしているか、国民が何を望んでいるかを象徴するものだ。その決定は、幅広い国民の意見をじゅうぶん聞いてからでも遅くないと思う。

（『朝日新聞』一九九五年二月二三日）

「国民の祝日」と天皇制

民衆の生活に侵入した皇室行事

「皇国ニ生レ、朝廷ノ正朔ヲ奉ゼザルモノ、叛民トス。其罪誅ニ容レザル所ナリ」

いきなりものものしい引用、お許しあれ。これは今を去る一二一年前の一八七四（明治七）年、置賜県（山形県）が旧暦習俗取締りのために出した布告の一節である。

ここにみえる正朔とは暦のことで、つまり、日本国民でありながら国家の暦に従わないものは「叛民」であり、その罪は殺しても飽き足らない、というのだ。イヤハヤ恐ろしい。この時期、こうした布告は全国で出されている。

その背景には「天皇の世」を国民に浸透させようという国家のつよい意思があった。天下を制するものは暦を支配するという中国の故事にならい、明治政府は陰暦を太陽暦に改めるとともに、天長節（天皇誕生日）、紀元節（神武天皇即位の日）など天皇制がらみの八つの祝祭日を定めた。その一方、五節句（人日《じんじつ》・上巳《じょうし》・端午《たんご》・七夕《しちせき》・重陽《ちょうよう》）やお盆は禁止。

しかし陰暦や五節句は農作業にも関わっていて民衆の生活に根づいている。その禁止に、とうぜん民衆の不満は高まる。

「改暦以来は五節句・盆などという大切なる物日を廃し、天長節・紀元節などというわけもわからぬ日を祝うことでござる。四月八日はお釈迦の誕生日。盆の十六日は地獄のふたの開く日というは、犬打つ童も知っております。紀元節や天長節の由来は、この旧平のごとき牛鍋を食う老爺というとも知りません。かかる世間の人の心にもなき日を祝せんとて、赤丸を売る看板のごとき幟や提灯をださするのは、なお聞こえぬ理屈でござる」（『開化問答』一八七四年二月）

ここにみえる「赤丸を売る看板のごとき幟」とは、いうまでもなく日の丸である。政府は「御国旗」と称して定められた祝祭日に掲揚すること「不レ苦《くるしからず》」としたが、民衆にとっては迷惑千万、紀元節や天長節も「わけもわからぬ日」にすぎなかった。それはとりも直さず、天皇の権威が認識されていなかったということだ。

しかし、暦を制することは時間を制することである。それは人びとの暮らしを変える。暮らしが変われば意識も変わる。太陽とともに起きだし、月の満ち欠けとともにあった人びとの暮らしに時刻や曜日の観念が持ち込まれ、仕事を休んで祝うべき日として皇室行事が侵入してくる。

「暑さ寒さも彼岸まで」と季節の変化を実感し、墓参りをする春秋のお彼岸までもが、春季・秋季皇霊祭として天皇制国家の祭日に制定される（一八八八年）なかで、人びとはお釈迦様の誕生日よりも「天皇陛下」や神武天皇の誕生日のほうを権威あるものと認識するようになる。かくて「天皇の世」は完成する。

「国民の祝日」と天皇制

さて、五〇年前の敗戦によって「天皇の世」は終わり、「民の世」になったとされている。しかし、国民の祝日をみるかぎり、とてもそうは思えない。

一九四八年七月、「国民の祝日に関する法律」が施行され、「自由と平和を求めてやまない日本国民は、美しい風習を育てつつ、よりよき社会、より豊かな生活を築きあげるため」として、元日、成人の日、春分の日、天皇誕生日、憲法記念日、こどもの日、秋分の日、文化の日、それに勤労感謝の日の九日が国民の祝日に定められた。

このうち六日は、戦前の「天皇の世」をそのまま引きずっている。天皇誕生日は言わずもがな、元日は四方拝《しほうはい》、春分・秋分の日は春季・秋季皇霊祭、文化の日は明治節（明治天皇の誕生日）、勤労感謝の日は新嘗祭《にいなめさい》。

戦前との切断を象徴するはずの憲法記念日も、一九四六年一一月三日の明治節を期して新憲法を公布、半年後の施行を記念したものであることを考えると、天皇制の影がつきまとう。さらに六七年、国民的な反対運動を押し切って「建国記念の日」が加わり、八九年、昭和天皇死去で「みどりの日」が追加。その結果、一三日の国民の祝日のうち九日までが天皇がらみとなった。

そして戦後五〇年の今年二月末、一四番目の国民の祝日として七月二〇日が「海の日」に制定された。これも天皇がらみである。七月二〇日の根拠は、一八七六（明治九）年、明治天皇が東北・北海道巡幸の帰路、青森から船に乗り、函館を経て横浜に帰着した日ということ。それを記念して一九四一年に「海の記念日」に制定されている。

明治天皇の巡幸は「天皇の世」を国民に周知徹底させるためであり、一九四一年の「海の記念日」制定は大日本帝国の「大東亜共栄圏」づくりのためであった。それをいま、「海の恩恵に感謝するとともに、海洋国日本の繁栄を願う」として国民の祝日に格上げしたのだ。これでは敗戦による断絶を改めて否定し、戦前・戦後をひとつながりの「天皇の世」とみようとしているとしか思えない。

これについて提案議員の江田五月氏（新進党）は、敗戦を境に日本は「戦前の大日本帝国から戦後の日本国というものに生まれ変わった」ことを憲法学者清宮四郎の学説を引いて力説し、「この日は天皇がどうした日だからいけないとか、（略）殊さら《ママ》に重箱の隅をほじるように出してきて、そして云々されるのは戦後の新生日本というものを誤解することになる」という（九五年二月二八日「参議院文教委員会会議録」）。戦後日本は生まれ変わったのだから、戦前の「天皇の世」を踏襲しても問題はないというのだ。

奇妙な論理である。生まれ変わったのなら、生まれ変わったなりの国民の祝日にするのが常識というものだ。与党になる前の社会党は、八月一五日の「平和の日」やメーデーの祝日化をつよく主張していた。それならわかる。

この江田議員の「重箱の隅」発言については、会田長栄《あいたちょうえい》議員（社会党）が決然と反論した。しかしいまや戦前の歴史を問うことを「重箱の隅をほじる」とする歴史認識が、アッケラカンと国会で主張される世の中なのだ。いっこうに進展しない戦後補償問題、その一方で「英霊への感謝決議」が相次いで地方議会であげられていること等とそれは無縁ではない。

大元帥陛下の軍服を背広に着せ替え、「天皇の世」を残したツケはやはり大きかったというべきだろう。

海は「国家」や「国民」を超える

日本人の働き過ぎが問題になっているおりから、休みが増えるのはいいことだと「海の日」を歓迎する向きも多いようだ。しかし、国民の祝日による一斉休業でしか休めないというのでは「民主主義国家」とはいえない。時給・日給で働く「周辺労働者」や外国人労働者の生活問題もある。

海の環境保全につながると肯定する声も聞く。しかし海は地球生命の源であり、「国家」や「国民」を超えるものだ。海を「日本の繁栄」につなげてはならない。

さて、いよいよ「みどりの日」を皮切りに、ゴールデンウィークが始まる。暗い世相を吹っ飛ばすべく風かおる新緑をたっぷり味わうのはいい。円高を利用して海外旅行もいいだろう。しかし同時に、国民の祝日なるものについて、考える機会にもしてほしい。

（原題「天皇制がらみの日本の祝日」『週刊金曜日』一九九五年四月二八日）

あとがき

思い起こせば、わたしの天皇制へのこだわりの原点は、七〇年代はじめのリブ運動だった。一九七九年、初めての女性の視点による天皇制論集、『女性と天皇制』が思想の科学社から刊行された。これは七七年一月から雑誌『思想の科学』に連載された文章をまとめたものだが、それに編者としてかかわった関係上、わたしは「まえがき」をかいている。そのなかで『女性と天皇制』刊行への思いをこんなふうに書いている。

「七〇年代はじめ、リブ運動等を通じて女たちが提起したものをなんとかよく継承したいという思いがあったからだといえる。女たちが提起したもの——それは一口にいえば〃女の論理〃ともいうべきものであるが、それを私流に解釈すれば——〃産む性〃である存在をまるごと世の中につきだしてゆくことによって、〃生産性の論理〃で突っ走る近代に歯止めをかけ、自己と自己を含む社会全体の解放を志向する思想である。したがってそれは、〃近代合理主義〃とは相いれず、分析的であるよりは直感的・総合的であり、「する」ことではなく、「である」ことを肯定する。この〃論理〃というにはあまりに非論理的な〃女の論理〃は、それまで「である」ことから「する」ことへの脱皮を求めて男社会の中でアップアップしていた私には、新たな視点を拓く衝撃的なものであった。

しかし同時に、それがどこかで「天皇制」とつながるのではないかという危惧も拭えなかったのである。民衆の素朴な自然信仰をかすめとって成立したらしい「天皇制」は、タテマエでみるかぎり、その〝個〟よりは〝共同性〟の尊重において、人間関係の家族的あり方の肯定において、どこやらに〝女の論理〟に通ずるところがある――。〝自我〟ではなく〝母性我〟を提唱した高群逸枝の戦時中の言動等を見聞きするにつれ、私の危惧は強まったのであった。この私の危惧は杞憂にすぎないかどうか、〝女の論理〟を真に人間解放の武器とするにはどうすればいいのか――」

〝産む性〟、〝女の論理〟といったことば、また、やたら〝 〟つきの文体は、まさに七〇年代のものだ。気恥ずかしくもなつかしい。

こうした問題意識のもとに書いたのが、2章におさめた「大御心と母心」である。しかし当時、わたしの問題意識が女性たちに共有されていたわけではない。『女性と天皇制』には、わたしの他に一七人の女性の天皇制論がおさめられているが、そのおおくは「天皇制」によるみずからの被害体験である。政治制度としての天皇制ばかりではなく、日常生活における「家父長制」や「ムラ社会」の抑圧を「天皇制」ととらえているところに、男性による天皇制論とのちがいがあった。

しかし「女性」は、〝女の論理〟などという抽象的ものではなく、実体としての女性だった。当時わたしはそれに違和感をもちながら、〝女の論理〟にこだわる自分の「観念性」を「まえがき」で反省している。

しかし、その後の女性学の進展は、「ジェンダー」という概念をわたしに教えてくれた。わたしがこだわっていた〝女の論理〟は、「女性性」「母性」などとつながりがある。つまり、わたしにとって「女性と天皇制」の「女性」は、文化的につくられた「ジェンダーとしての女性」だったということだ。

以後も、基本的にその流れで天皇制にこだわってきた。その結果がこの本である。八〇年代後半は「昭和」から「平成」への代替わり、いわゆるXデーをめぐる運動の周辺で書いているので、いささか「狼少年」的文章もあるが、〈歴史〉としてあえて収録した。

それでいえば、三章はその「運動」内部で問題になっている。「女帝容認」論者とみなされたためだ。最近も、二〇〇一年末にわたしが『朝日新聞』(大阪版)に寄稿した「女帝は男女平等の未来を開くか」(二六〇ページ)を読んだ北原恵さんが、「これまでフェミニストの反天皇制論者のなかで唯一、男女平等の立場から「女帝賛成」を主張していた彼女(加納　引用者)のスタンスが、微妙に揺らいでいるように思えた」と書いている(「マサコの妊娠・出産をめぐる表象と議論」『季刊　運動〈経験〉』二〇〇二年冬)。

これはわたしには、少々心外だった。わたしとしては、単純に「男女平等の立場から「女帝賛成」を主張」した覚えはなかったし、したがって、スタンスが「微妙に揺らいで」もいないつもりでいたからだ。

しかし、いまあらためて三章を読みなおしてみると、北原さんがそう思うのも無理はないとも思う。北原さんにかぎらず、ここにおさめた文章には、反天皇制運動のなかからいくつもの批判が出されている。天野恵一『「日の丸・君が代」じかけの天皇制』（インパクト出版会　二〇〇一年）、『「女帝」で天皇制はどうなる!?』（社会評論社　一九九六年）などにおさめられたわたしへの批判を、あわせてお読みいただけるとありがたい。

その上で、わたしとしてはこれまで書いてきたこと、とくに「反天皇制運動にフェミニズムの風を」（二四七ページ）につけ加えるべきことはない。ただ、その文章の最後で問題にしていた「近代家族」と王室の矛盾は、日本の天皇制においても明らかになってきたのではないか、という気がしている。

日本近代において、皇室はつねに〈家族モデル〉として機能してきた。天皇・皇后あい並ぶ「御真影」は一夫一婦制の表象だったし（実態はともかく）、六〇年代の皇太子（当時）夫妻の「マイホーム」、九〇年代に入っての現皇太子とキャリア女性のＤＩＮＫＳ（double income no kids）は、〈家族モデル〉としてみごとに時代を象徴していた。

しかし皮肉なことに、それが矛盾をあらわにしたといえる。天皇制はＤＩＮＫＳを許さないシステムである。天皇制が天皇制であるためには、何が何でも「お世継ぎ」を生まねばならない。しかし時代はＤＩＮＫＳをこえて、すでにシングル化に向かっている。もちろん一方では、ハイテク生殖技術を駆使しての高齢出産も増えているようなので、それでいえば今回の「愛子さま」出産はぴたりとはまる。しかしそれが日本の少子化傾向に、影響を及ぼすとは思えない。

いまや天皇制は、時代に追い抜かれようとしているのではないか、という気がしている。国旗国歌法、周辺事態法など二〇世紀末以来のあいつぐ国家主義的法律の制定は、ひょっとすればそのことと関わりがあるのではないか。モデル提示によるソフトな国民精神動員があやしくなったからこそ、国家の枠がためのための法整備が急がれている——?

インパクト出版会の深田卓さんには、たいへんご迷惑をおかけした。初稿ゲラは二年ほど前にお送りいただいていたし、刊行予告も何度もしていただいた。わたしの事情で刊行を遅らせ、しかも最後は超多忙のなかで脱兎のごとく刊行にこぎつけていただいた。心よりお詫びとお礼を申し上げます。

二〇〇二年三月

著者紹介
加納実紀代（かのうみきよ）
1940年ソウルに生まれる。1976年より「女たちの現在を問う会」会員として、96年までに『銃後史ノート』10巻（ＪＣＡ出版）、『銃後史ノート戦後篇』８巻（インパクト出版会）を刊行。
現在、敬和学園大学教員（特任）。
著　書
『女たちの〈銃後〉』筑摩書房、1987年（増補新版、1995年インパクト出版会）
『越えられなかった海峡―女性飛行士・朴敬元の生涯』時事通信社、1994年
『まだ「フェミニズム」がなかったころ』インパクト出版会、1994年
主要編著
『女性と天皇制』思想の科学社、1979年
『反天皇制』（共編）社会評論社、1990年
『自我の彼方へ―近代を越えるフェミニズム』社会評論社、1990年
『母性ファシズム』学陽書房、1995年
『性と家族』社会評論社、1995年
『女がヒロシマを語る』（共編）インパクト出版会、1996年
『文学史を読みかえる』１～５巻、インパクト出版会、1997～2002年
主要共著
『多摩の流れにときを紡ぐ』ぎょうせい、1990年
『共生への航路―神奈川の女たち45～90』ドメス出版、1992年
『近代日本と植民地』５巻、岩波書店、1993年
『岩波講座現代社会学』19巻、岩波書店、1996年
『「日本」国家と女』青弓社、2000年
『リアル国家論』教育史料出版会、2000年
『買売春と日本文学』東京堂、2002年

天皇制とジェンダー

2002年4月25日　第１刷発行

著　者　加納実紀代
発行人　深田　卓
装幀者　藤原邦久
発　行　㈱インパクト出版会
東京都文京区本郷2-5-11 服部ビル
Tel03-3818-7576 Fax03-3818-8676
E-mail：impact@jca.apc.org
郵便振替　00110-9-83148

モリモト印刷